D0807069

96 [COLECCIÓN TRÓPICOS]

1.ª edición: octubre de 2011

1. ª reimpresión: noviembre de 2011

2. ª reimpresión: enero de 2012

3. ª reimpresión: marzo de 2012

© **Editorial Alfa, 2011**

Reservados todos los derechos. Queda rigurosamente prohibida, sin autorización escrita de los titulares del Copyright, bajo las sanciones establecidas en las leyes, la reproducción parcial o total de esta obra por cualquier medio o procedimiento, incluidos la reprografía y el tratamiento informático.

Editorial Alfa

Apartado postal 50.304. Caracas 1050 A, Venezuela

Teléfono: [+58 212] 762. 30. 36 / Fax: [+58 212] 762. 02. 10

e-mail: contacto@editorial-alfa.com

www.editorial-alfa.com

ISBN: 978-980-354-314-3

Depósito legal: lf50420118003143

Diseño de colección

Ulises Milla Lacurcia

Diagramación

Yessica L. Soto G.

Corrección

Magaly Pérez Campos

Imagen de portada

Doña Manuela Suárez Lastra de Garmendia
de Carlos E. Pellegrini. Acuarela 30,5 x 23,5 cm
Museo Nacional de Bellas Artes. Buenos Aires, Argentina

Fotografía de solapa

Claudia Rodríguez

Impresión

Editorial Arte

Printed in Venezuela

EL FABRICANTE DE PEINETAS
ÚLTIMO ROMANCE
DE MARÍA ANTONIA BOLÍVAR

Inés Quintero

EDITORIAL
ALFA

ÍNDICE

EL COMIENZO DE ESTA HISTORIA

La primera noticia que tuve sobre el robo de 10.000 pesos que le hicieron a María Antonia Bolívar fue cuando me encontraba leyendo la *Gaceta de Venezuela* del año 1836. Allí, en el número correspondiente al día 30 de julio, en la sección de avisos, apareció el siguiente anuncio con un encabezado en letras grandes, destacadas en negritas:

> 2.000 PESOS GRATIFICACIÓN:
>
> María Antonia Bolívar hace saber al público como es falsa la voz que se ha esparcido de haber aparecido el robo que se le hizo en días pasados de la suma de diez mil pesos; y al efecto ofrece dos mil al que descubra al ladrón.

Me encontraba en ese momento en la revisión exhaustiva de la documentación existente sobre la vida y andanzas de María Antonia Bolívar para escribir su biografía y ese dato en particular resultaba especialmente sugerente.

Comenzó entonces la búsqueda implacable de mayores referencias sobre el robo de los 10.000 pesos. Entre los testimonios de la época, una sola persona se había detenido a mencionar el episodio: Sir Robert Ker Porter, el cónsul de Su Majestad Británica en Venezuela. Porter llegó a Caracas en noviembre de 1825 y permaneció por estos lados hasta febrero de 1841. Durante esta larga estadía escribió un pormenorizado diario en el cual narró de una manera bastante detallada los sucesos que le tocó vivir. Allí, en ese diario, Porter hizo referencia al robo denunciado por María Antonia y al escándalo que suscitó en la Caracas de entonces el juicio que se le siguió al ladrón.

El suceso está apuntado el día 21 de octubre de 1836 y dice así:

> La hermana favorita de Simón Bolívar, María Antonia, una joven de 60 años y viuda también (pero que durante su viudez ha producido un par de bolivarianos espurios) se ha enamorado, y no poco, de un joven criollo, y le ha entregado unos 8.000 dólares en varias ocasiones, además de regalarle muchas de las medallas de oro que su célebre hermano había recibido, o más bien habían acuñado en su honor, durante su más gloriosa carrera, después de enviudar. Se suscitó una disputa entre estos dos amadores mal emparejados, y la dama repentinamente acusó al joven de haberle robado la suma; etc., en cuestión. Se le encarceló, se llevó a cabo el juicio, o más bien la instrucción legal, donde salió a relucir toda la correspondencia amorosa entre las partes demostrando que había un *quid pro quo*. El inocente fue absuelto, y *Madame* se ha quedado con este ejemplo de sus amoríos expuesto ante el mundo caraqueño.

El libro de Porter se publicó originalmente en inglés el año de 1966, bajo el título *Sir Robert Ker Porter's Caracas Diary, 1825-1842 a british diplomat in a newborn nation*; la primera edición en castellano se hizo en 1997 por la Fundación Polar. Fue esta la versión que revisé.

Además de la referencia de Porter y del anuncio de la *Gaceta de Venezuela*, tuve ocasión de conseguir nuevas noticias del robo en el Archivo de Manuel Landaeta Rosales, el cual se encuentra en la Academia Nacional de la Historia. Resulta que Landaeta Rosales se ocupó de seguirle la pista a María Antonia. En el mismo archivo, hay numerosos recortes de prensa y referencias escritas por el propio Landaeta sobre sus pesquisas y hallazgos. Una de ellas hace mención al robo ocurrido en la casa de Sociedad, n.º 19; señala el nombre del ladrón: José Ignacio Padrón; el día del robo: 19 de abril de 1836, y las señas exactas del expediente: Criminales, letra P, 1836.

Muerta de la curiosidad y con la desesperación de verificar si el escándalo narrado por el inglés era verdad y si, en efecto, durante las averiguaciones se habían ventilado las cartas entre los supuestos «amadores», me dirigí al Archivo General de la Nación. En aquel momento, abril de 2003, el archivo se encontraba en su antigua sede en la avenida Urdaneta, entre la esquina de Carmelitas y de Santa Capilla. Allí revisé los índices en donde estaban registradas las causas por robo, siguiendo la pista ofrecida por Landaeta Rosales.

Efectivamente, en el índice del año 1836, en el tomo de la letra P, estaba anotado el caso bajo el siguiente título: «Criminales seguidos contra Ignacio Padrón por atribuírsele el hurto de diez mil pesos». Para mi sorpresa, justo al lado de la identificación del expediente, estaba marcada una letra «F» con un lápiz rojo. Hice caso omiso de este detalle y solicité los documentos. De nuevo, para mi sorpresa, se me informó que el expediente no se encontraba. Precisamente la letra «F» en rojo quería decir FALTA. Mi desazón y desconsuelo fueron totales. Después de tener tan cerca la posibilidad de corroborar si había algo de verdad en el comentario de Porter, no hubo caso. Se hicieron todos los intentos por conseguir el expediente faltante, sin ningún éxito.

Todo este episodio fue narrado en las últimas páginas de mi libro *La criolla principal,* justamente para dar cuenta de lo que la documentación me permitió constar en su momento: el anuncio aparecido en la *Gaceta de Venezuela*, el comentario de Porter y la referencia al expediente apuntada por Landaeta. Impedida de ir más allá, mi conclusión fue la siguiente:

Un hecho de tal magnitud que colocaba en entredicho el honor y la virtud de una viuda principal, aun en tiempos de la República, era demasiado escandaloso como para dejar vestigios perdurables e irrefutables del inconveniente amorío de la señora Bolívar con el criollo Padrón. Así que muy bien pudo ocurrir que el expediente fuese extraído del archivo y el suceso condenado al silencio perpetuo.

De manera pues que si María Antonia tuvo un amante a los sesenta años a quien le regaló unos pesos y luego defraudada lo acusó por ladrón, quedará en el terreno de los supuestos e imponderables que suelen rodear a este tipo de episodios, cuando perjudican ostensiblemente a uno de los infractores.

No había más que decir. Debo confesar que me quedó sembrada la curiosidad de saber cómo había desaparecido el tomo correspondiente a la Letra P, del año 1836. No obstante, lo que más me angustiaba y me causaba mayor desazón era enfrentarme a la imposibilidad absoluta de descifrar aquel enigma. ¿Sería verdad que María Antonia Bolívar tuvo un amorío cuando tenía casi sesenta años con un joven llamado Ignacio Padrón? ¿Quién podía ser el tal Padrón? ¿Cómo se conocieron? ¿Qué dirían las cartas? ¿Qué clase de escándalo desataría el episodio en la Caracas de entonces? ¿Quiénes más participarían en el juicio? ¿Cuál habrá sido el resultado de todo el embrollo?

No tenía manera de saber más nada; tuve que conformarme con lo que sugería el escueto contenido del anuncio, los sugerentes comentarios del inglés, las precisiones documentales de Landaeta Rosales y la implacable letra F, en rojo, que convertía en caso cerrado aquel atrayente y oscuro episodio.

En ese momento y durante mucho tiempo, estuve persuadida de que *alguien* había sepultado el expediente de manera intencional, precisamente para dejar a salvo la memoria de María Antonia; ese *alguien* podía ser cualquiera que, con o sin razón, pensara que poner en entredicho la reputación de la hermana del Libertador era manchar también la trayectoria impoluta del padre de la patria.

Concluido el libro, no hice ningún nuevo intento por tratar de localizar el expediente. Tampoco parecía factible conseguir noticias sobre José Ignacio Padrón; era simplemente un nombre. Hice algunas búsquedas en el Archivo General de la Nación para ver si había alguna otra causa seguida contra este mismo personaje, en otros índices, con la ilusión de obtener cualquier noticia, algún dato aislado. Los intentos fueron infructuosos. Caso cerrado.

Para mi enorme sorpresa, cinco años después de haber terminado la investigación y cuando ya el libro estaba publicado –la primera edición es de 2003–, recibí la visita de la historiadora Arlene Díaz, profesora e investigadora de la Universidad de Indiana. Había conocido a Arlene cuando estuvo en Venezuela en 1993, revisando los archivos para la investigación de su tesis doctoral. En aquella ocasión, no conversamos en detalle sobre el tema de su trabajo ni de los hallazgos obtenidos en sus pesquisas. No volvimos a vernos hasta que se presentó en la Academia Nacional de la Historia en julio de 2008.

Conversando sobre su trabajo me comentó que había leído *La criolla principal*, que lo había disfrutado mucho y que se había quedado sorprendida al leer en mi libro que el expediente del caso de José Ignacio Padrón faltaba, es decir, que no había podido consultarlo, porque no se encontraba en el archivo. Acto seguido me hizo saber que ella, en su oportunidad, sí había podido revisar el expediente. Me dio detalles de su contenido y me informó que había hecho referencia al caso en su libro *Female Citizens, patriarchs, and the Law in Venezuela, 1786-1904*, publicado por la Universidad de Nebraska el año 2004.

Yo me quedé de una pieza. Por una parte, maravillada de saber que el expediente no había sido extraído del archivo intencionalmente, como pensé en un primer momento y, al mismo tiempo, paralizada de pensar que la historia de María Antonia había quedado inconclusa, que había un capítulo pendiente: nada más y nada menos que el de un amorío escandaloso en medio de las turbulencias de un robo cuantioso.

Muy gentilmente, ese mismo año, Arlene se ocupó de que su libro llegase a mis manos. Igualmente, resultado de nuestra conversación y de manera absolutamente generosa, me envió la ponencia que presentó en la Conferencia de la Asociación de Estudios Latinoamericanos (LASA), celebrada en Puerto Rico el año 2006, titulada: «Disputas de ideología, amor e historia, el escándalo de María Antonia Bolívar en la Venezuela de principios del siglo XIX», en la cual le dedicaba mayor atención al episodio del desencuentro amoroso entre María Antonia y Padrón.

Poco tiempo después de su visita, me acerqué al Archivo General de la Nación en su nueva sede del Foro Libertador y, para mi más absoluta incredulidad, allí estaba el expediente, completo, con la misma referencia anotada por Landaeta Rosales en sus papeles; la misma utilizada por Arlene en su libro; el mismo expediente marcado con la letra F en rojo, que no pude revisar el año 2003. No lo podía creer. La única explicación posible es que, luego de haber sido revisado y estudiado por Arlene Díaz o por cualquier otro investigador que hubiese consultado algún legajo incluido en ese tomo, después de ella, el tomo en cuestión fue colocado en otro lugar, por equivocación. Eso puede ocurrir. De manera que, al no encontrarse en el sitio que le correspondía, sencillamente, no fue posible localizarlo nunca más. Pero ocurrió la mudanza. Al embalar y reordenar todos los tomos del archivo en sus nuevos estantes, el volumen marcado con la letra P del año 1836 volvió a su lugar y fue entonces cuando pude dar con él.

Desde ese momento y luego de ver y revisar la riqueza enorme de esos papeles, me propuse escribir este libro. La tarea no fue fácil y tuvo más interrupciones de lo esperado. Finalmente, aquí está.

La historia que se presenta al lector está tomada de expedientes de archivo, de materiales documentales originales que reposan en el Archivo General de la Nación y que sirven de soporte a toda la información que aquí se ofrece, tanto en el caso del juicio seguido por María Antonia contra José Ignacio Padrón, como en las otras causas de robo a las cuales se hace mención en el segundo capítulo.

Decidí no incluir las referencias al pie de página y también ajustar la ortografía al castellano actual para facilitar la lectura. En algunos casos, por la originalidad y calidad del documento, me pareció valioso incorporar como apéndice la copia facsimilar de algunas de las cartas más significativas de esta historia, las cuales se presentan por orden de aparición.

La información y el contenido del libro se apoyan en una acuciosa revisión de periódicos de la época, en especial la *Gaceta de Venezuela*, así como en la lectura de otras fuentes documentales y bibliográficas, las cuales nos permitieron obtener datos y detalles referidos al entorno y al contexto de la época. Todas estas fuentes, así como las referencias de los expedientes consultados, se presentan al final del libro.

En esta larga, emocionante y enriquecedora experiencia conté con el auxilio de numerosas personas. Joselin Gómez, estudiante de la Escuela de Historia, quien se encuentra concluyendo su tesis, hizo la primera revisión, reproducción y transcripción de la primera parte del expediente referido al robo de los 10.000 pesos, con mucho rigor y paciencia. Posteriormente, completaron la transcripción de la documentación, de manera impecable, Miriam Pierral y Eulides Ortega, investigadoras de la Academia Nacional de la Historia, amigas y colegas de todos los días. Mariana Sánchez, estudiante de la Escuela de Historia, trabajó conmigo en la revisión, recuperación y organización de la información sobre los robos ocurridos el año 1836 con mucho interés y diligencia. Benjamín Altez me ayudó con los datos y el cuadro de las partidas de bautismos en un santiamén. Durante todo este tiempo, fue de especial apoyo en el Archivo General de la Nación el historiador Alexander Zambrano, quien siempre estuvo dispuesto a prestarnos su auxilio para lo que fuese necesario.

El mismo respaldo obtuve del personal de la hemeroteca, la biblioteca y el archivo de la Academia Nacional de la Historia en la localización de las fuentes; a todos ellos mi agradecimiento, en particular, a Esther Correa, por su dedicación y empeño. Especial mención merece Celina Salas, solidaria y gentil a toda hora, en su condición de asistente de la secretaría y la dirección de la Academia.

Mis dos hijos, Luis y Alejandro, distantes pero presentes, se conocen de memoria esta historia. En numerosas ocasiones me han oído hablar de todo este embrollo, desde el día que encontré el anuncio del robo, hasta que finalmente di con el expediente. Ambos, uno desde Argentina y otro desde Viena, estuvieron pendientes de buscar imágenes de peinetas, a solicitud mía, que sirvieran de apoyo gráfico a mis pesquisas. La figura que finalmente ilustra esta portada la localizó Luis en Buenos Aires.

Vilma Lehmann y Sheila Salazar, amigas y expertas en ubicar imágenes históricas, también le hicieron seguimiento a las mujeres con sus peinetas. A las dos mi agradecimiento.

Durante los últimos tres años ha sido aliado y compañero inseparable en la preparación de este libro Rogelio Altez, mi esposo. Hemos conversado incansablemente sobre María Antonia y Padrón, en las sobremesas, en los viajes, en el día a día. Fue Rogelio, también, el primero en leerse de principio a fin esta historia. Sus entusiastas comentarios y cada una de sus pertinentes sugerencias me permitieron mejorar y ponerle punto final a este largo, apasionante y compartido recorrido. Gracias, mi sol.

Y, como en otras ocasiones, mi reconocimiento y gratitud a Ulises Milla, a Carola Saravia y a todo el equipo de Alfa por el cuidado, el cariño y la responsabilidad con los cuales atienden la faena editorial.

FABRICANTE DE PEINETAS

En 1814, José Ignacio Padrón vino al mundo, precisamente en el momento más cruento y violento de la guerra de independencia, calificado por muchos historiadores como el «año terrible». En julio de 1814, el año que nació Padrón, las tropas de José Tomás Boves tomaron la ciudad de Caracas, poniendo fin al segundo ensayo republicano. Uno de los resultados más dramáticos de esta derrota fue la emigración a oriente, de la cual hay elocuentes descripciones y también un famoso mural elaborado por el pintor Tito Salas, ubicado en la casa natal del Libertador.

Menos de un año había transcurrido desde que Simón Bolívar ocupó Caracas, luego de concluir exitosamente su Campaña Admirable. Poco tiempo antes, había sancionado su célebre y feroz Decreto de Guerra a Muerte, con lo cual justificaba el exterminio y aniquilación de los contrarios, contribuyendo a la exacerbación del conflicto.

Al comenzar el año 1814, en febrero, el propio Bolívar, dando fiel cumplimiento a su decreto, ordenó el ajusticiamiento de los prisioneros que se encontraban en los calabozos de La Guaira y Puerto Cabello. La intervención del arzobispo de Caracas, Narciso Coll y Prat, quien procuró disuadirlo, no tuvo ningún efecto. La respuesta de Bolívar al prelado fue contundente: «uno menos que exista de tales monstruos es uno menos que ha inmolado o inmolará centenares de víctimas. El enemigo, viéndonos inexorables, al menos sabrá que pagará irremisiblemente sus atrocidades y no tendrá la impunidad que lo aliente». Así lo expuso en una carta fechada el 8 de febrero de 1814.

El testimonio de Tomás Surroca, oficial del bando contrario, permite conocer cuál fue la reacción de José Tomás Boves cuando se enteró de la muerte de 1.700 prisioneros, por órdenes del Libertador. Inmediatamente mandó a colocar en su estandarte negro una calavera con dos brazos cruzados, como la utilizada por los piratas, acompañada del lema: «Vencer o morir».

El año 14 no comenzó de manera halagüeña. Los ejércitos realistas avanzaron en dirección al centro de forma exitosa y constante. Se combatió en San Mateo, La Puerta, La Victoria, Calabozo, Valencia, San Carlos, Villa de Cura, Ocumare, hasta llegar al pueblo de El Valle, muy cerca de Caracas. En vano se intentó defender la capital: se cavaron fosos, se levantaron baluartes, se hizo acopio de alimentos, pertrechos y agua en el convento de San Francisco, a fin de resistir el asedio del enemigo. No obstante, ante la inminencia de una pavorosa derrota y frente a la amenaza de una cruel y violenta represalia contra los partidarios de la República, la resolución fue desalojar la ciudad. En la tarde del 6 de julio y al día siguiente, la emigración salió hacia Chacao, y de allí a Guarenas por el camino de Petare en dirección a las selvas de Capaya, buscando llegar a Barcelona.

Así narra el oficial patriota José de Austria, en su libro *Bosquejo de la Historia Militar de Venezuela*, lo que significó el abandono de la capital:

> En vano fueron los repetidos sacrificios que los caraqueños hicieron para salvar sus templos, sus hogares, el suelo en que nacieron de los impíos ultrajes de la barbarie: los tiranos empapados en sangre humana, pasearon sus calles, y a nombre del rey de España consumaron el sacrificio de una población entera que, aterrada buscó asilo en los fragosos caminos, en las selvas y en los mares, adonde huyó del feroz cuchillo de los asesinos. Los ancianos, las más honestas y

delicadas niñas, tiernas criaturas, numerosas y respetables familias, en fin, abandonaron su patria querida, porque la dominación española se había anunciado por todas partes con el incendio y la devastación. La ciudad quedó desierta, y el pabellón español flameó sobre la tumba del patriotismo.

La emigración ha sido descrita numerosas veces, por diferentes autores, como una travesía de horror. Una población entera, sin otros recursos que lo que podían cargar consigo, caminando por senderos farragosos, cuando los había, asediada por el enemigo, las fieras, el hambre, la falta de agua, la escasez de alimentos, el miedo, la oscuridad, la lluvia, la incertidumbre, sin un rumbo claro y sin saber qué les esperaba, día tras día.

Francisco Javier Yanes, testigo presencial de los hechos y partidario rotundo de la causa republicana –fue miembro del Congreso Constituyente de 1811 y firmante de la declaración de la independencia y de la Constitución de 1811– narra de manera elocuente el pavor que se apoderó de los habitantes de Caracas y el espantoso desenlace padecido por quienes se vieron obligados a salir de la ciudad. Así está descrito en su libro *Relación documentada de los principales sucesos ocurridos en Venezuela desde que se declaró estado independiente hasta el año de 1821*:

Los heridos y enfermos salieron de los hospitales arrastrándose resueltos a morir en los caminos, antes que esperar a un enemigo feroz y brutal. Los alaridos de estos, los gemidos y clamores de las mujeres y los niños, causaban tal confusión y aturdimiento que nadie se entendía ni atinaba con la ruta que debían seguir, olvidándose de llevar aun lo más preciso para cubrir sus cuerpos y conservar la vida. Sobre veinte mil personas salieron de la capital y de sus inmediaciones desprevenidas para tan ardua empresa; y así es que al fin perecieron las tres cuartas partes a impulsos del hambre, de la desnudez, de la sed, del cansancio y de la fiebre intermitente, pues en los barrizales de la montaña de Capaya, en los arenales de Unare y Tacarigua y en los climas malsanos de Barcelona, hallaron su sepultura, tanto el hombre robusto, como las personas delicadas del bello sexo.

Es difícil afirmar que fueron efectivamente más de 20.000 personas las que abandonaron la ciudad y que tres cuartas partes no sobrevivieron. Pero, sin duda, se trató de una emigración masiva durante la cual hubo un número importante de muertos, muy complicado de precisar con exactitud.

Si consideramos como válidas las cifras que ofrece José Domingo Díaz en la *Gaceta de Caracas* del 21 de mayo de 1817, entre los años 1810 y 1816 hubo una significativa disminución de la población. Díaz afirma que en 1810 había 31.813 habitantes y que, en 1816, eran solamente 20.408.

Un estudio demográfico, publicado en la revista *Tiempo y Espacio* el año 1988 por la historiadora Lila Mago, arroja una estimación bastante cercana a las cifras que ofreció Díaz en su momento. El estudio citado se hizo a partir de la revisión de las matrículas parroquiales de Caracas entre los años 1754 y 1820 y, de acuerdo con esta fuente, de 1811 a 1815, la población de Caracas se redujo en 10.918 habitantes.

Esta disminución tiene que ver con muchos aspectos. Uno de ellos fue, nada más y nada menos que el terremoto de 1812, en el cual perdieron la vida cerca de 2.500 personas según los cálculos hechos por Rogelio Altez en su libro *El desastre de 1812 en Venezuela*. A esta cifra deben añadirse los que abandonaron la ciudad producto de la guerra en los años 1812 y 1813 y, por supuesto, quienes salieron en la emigración a oriente el año de 1814 y nunca volvieron, porque fallecieron o porque tomaron otro rumbo.

Fue, pues, en medio de estos años terribles de muerte y desolación que María Josefa Higuera dio a luz a su hijo, José Ignacio Padrón. Uno de los aspectos que nos dispusimos a averiguar fue si José Ignacio Padrón nació antes, durante o después de la emigración a oriente, en el caso, claro está, de que hubiese nacido en Caracas.

La única manera de precisarlo era tratando de conseguir su partida de bautismo. Algo bastante improbable. Sin embargo, con este propósito nos dirigimos al Archivo Arquidiocesano de Caracas para ver si, por casualidad, teníamos la inmensa suerte de conseguir esta información.

En este archivo, para la época en que se supone que nació José Ignacio Padrón, solamente se encuentran los libros de bautismo de tres parroquias: San Pablo, Chacao y Candelaria. De manera que, para conseguir el dato que estábamos buscando, resultaba fundamental que María Josefa Higuera hubiese bautizado a su hijo en una de estas tres parroquias.

Nos ocupamos entonces de revisar, página por página, todos los libros de bautismo de las tres parroquias aludidas. De la parroquia San Pablo, el tomo 19, correspondiente al libro 10.º de bautismos de pardos y morenos libres, años 1811-1816 y también el libro 9.º de bautismos de blancos para esos mismos años. De la parroquia Candelaria, el libro 6, de los años 1803-1818, en el cual se encuentran las partidas de bautismo de negros, pardos y demás castas libres y el libro 4.º de bautismos de blancos entre los años 1803-1821. De la parroquia San José de Chacao los libros 1 y 3, años 1792-1816, que contienen los certificados de bautismo de pardos, negros, indios y esclavos; y el libro 4, años 1789-1821, con las partidas de los blancos.

En ninguno de ellos apareció la partida de bautismo de José Ignacio Padrón. Sin embargo, la revisión detallada de los libros permitió constatar la significativa disminución de partidas de bautismo que hubo en el segundo semestre de 1814, justo cuando ocurre la emigración a oriente, y cómo esta disminución se prolonga al año siguiente. El cuadro que colocamos a continuación da cuenta de esta información.

Partidas de bautismo por parroquias. Caracas 1811-1815						
	1811	1812	1813	1814 1.er Sem.	1814 2.do Sem.	1815 1.er Sem.	1815 2.do Sem.
San Pablo	92	88	110	102	42	37	66
Candelaria	-	-	166	88	30	24	23
Chacao	-	-	47	51	16	8	33

Fuente: Archivo Arquidiocesano, Libros de bautismo. Parroquias: San Pablo, Candelaria y Chacao. Elaboración propia.

Los números que aquí se presentan demuestran que, en efecto, hubo un éxodo importante de población, el cual se expresa de manera directa en la visible y contundente disminución de partidas de bautismo y, por tanto, en el bajo número de nacimientos que se produjo en Caracas durante el segundo semestre de 1814 y los primeros meses de 1815.

Volviendo a José Ignacio y su mamá, caben varias posibilidades. La primera, que María Josefa hubiese dado a luz antes de julio y se hubiese sumado a la emigración con su bebé en brazos; la segunda es que haya parido en el camino y logrado llegar a Barcelona con la criatura recién nacida; y la tercera, que decidiera quedarse en Caracas y enfrentar la toma de la ciudad por las fuerzas de Boves.

En cualquiera de los casos, lo cierto es que madre e hijo tuvieron la enorme fortuna de seguir con vida, ese año terrible y también en los años siguientes, en medio de la guerra de independencia, durante los cuales transcurrió la niñez de José Ignacio. Del padre de la criatura no hay la menor noticia; no obstante, debió unirse legítimamente a María Josefa Higuera, la mamá de José Ignacio, porque este tenía el apellido de su papá.

¿Cómo vivieron los años de la guerra José Ignacio y su mamá? ¿Cómo se mantuvieron? ¿Dónde vivieron? ¿En qué trabajaba María Josefa? ¿Cómo fue la infancia del niño José Ignacio? Imposible determinarlo. Fueron unos sobrevivientes, como muchísimos otros venezolanos de su tiempo que, de la misma manera que lo hicieron María Josefa Higuera y José Ignacio Padrón, lograron sortear las dificultades y salieron adelante en medio de los avatares, escasez, hambre, enfermedades, intranquilidad, rudeza e incertidumbre que impuso la guerra a quienes se encontraron, sin proponérselo, en medio del conflicto.

Finalizados los años más violentos de la contienda y en la década en la que Venezuela formó parte de la República de Colombia, José Ignacio tuvo la oportunidad de aprender a leer y escribir, seguramente por iniciativa de su madre, quien también sabía leer y escribir. Esta condición los diferenciaba de la inmensa mayoría de la población ya que, durante esos años y bastante avanzado el siglo XIX, solo el 10% de los habitantes de Venezuela se encontraba alfabetizado, apenas había escuelas públicas y la población escolar era casi inexistente.

En 1821, cuando José Ignacio tenía siete años, el gobierno de Colombia ordenó el establecimiento de colegios en todas las provincias y se aprobó la reforma de los programas de instrucción pública. Cinco años después, se dictó un decreto organizando la instrucción pública en toda la República. Sin embargo, en el caso de Venezuela, los primeros colegios nacionales de varones se fundaron después de 1830 y los de niñas, en la década de los cincuenta; no hubo escuelas normales sino en los años setenta, en tiempos de Antonio Guzmán Blanco. De manera que fue en esta situación de precariedad educativa como José Ignacio Padrón obtuvo los rudimentos básicos de su educación. El hecho de ser un joven que sabía leer y escribir favoreció, sin duda, su ingreso como empleado en el estanco del tabaco, en donde trabajó hasta que fue abolido de un todo en el año de 1833.

Es bueno aclarar que el estanco del tabaco fue establecido por la Corona española en 1779 y abolido en 1792. Su propósito era fomentar y controlar el cultivo y comercialización del tabaco para alcanzar condiciones óptimas en su producción y calidad. El Estado, a través del estanco, le otorgaba tierras a los productores, les proporcionaba subsidios, les garantizaba los recursos, supervisaba la calidad de la producción, fijaba el precio de compra y se encargaba de la comercialización. Durante la guerra de independencia, la producción de tabaco se vio seriamente afectada y disminuyó ostensiblemente la calidad y productividad de las plantaciones.

En tiempos de la República de Colombia, José Rafael Revenga elaboró un proyecto para el restablecimiento del estanco, a fin de que la joven República obtuviese por este medio los recursos para pagar la deuda externa. Al finalizar el año de 1828, se estableció Revenga en Venezuela como ministro de Hacienda, a fin de organizar el estanco del tabaco y establecer un plan general que permitiese el saneamiento de la Hacienda pública. Con la disolución de Colombia y la muerte de Bolívar, la misión de Revenga concluyó. El estanco del tabaco quedó abolido, como ya se dijo, en 1833.

Los sueldos en la Administración Pública de entonces no eran particularmente elevados. En 1830 un escribano podía ganar aproximadamente 360 pesos al año; un portero, un poco menos, 300 pesos; un ministro de la corte, 2.400 pesos anuales y un gobernador, 3.000. De manera que, si Padrón sabía leer y escribir, a lo mejor estaba promediando un salario cercano al de un escribano. El poder adquisitivo de alguien que recibía 30 pesos mensuales no era muy elevado ni permitía darse muchos lujos. Una mula, por ejemplo, tenía un precio de 200 pesos, a lo que había que añadir el costo de los aperos y su manutención; un esclavo, en excelentes condiciones, alcanzaba la suma de 300 pesos; incluso podía costar hasta 350 pesos; una casita modesta podía rentarse por un monto aproximado de 8 o 12 pesos mensuales, según el lugar en donde estuviese localizada; un par de zapatos, entre 1 y 2,50 pesos y un burro, hasta 25 pesos.

Siendo así, es muy probable que, contando con un salario no superior a los 350 pesos anuales, Padrón, además de trabajar en el estanco, haya decidido aprender el oficio de peinetero para, de esta manera, completar sus ingresos con la fabricación, reparación y venta de peinetas.

En un primer momento tuve dudas respecto a que Padrón hubiese sido, efectivamente, un fabricante de peinetas, en atención a que se trataba de un oficio delicado y exigente del cual son poquísimas las referencias existentes en nuestro país.

Carlos Duarte, el historiador venezolano que se ha dedicado con mayor rigor al estudio del traje y accesorios en la historia colonial y republicana, registra en su libro *Nuevos aportes documentales a la historia de las artes en la provincia de Venezuela* apenas una referencia sobre un taller en donde se trabajaba el carey. El dato fue tomado de la *Gaceta de Caracas* del 22 de noviembre de 1811. Se trata de un anuncio publicado por Martin Girandin, quien ofrece sus servicios para la fabricación de vainas para sables y cañas de estoque, engastados en carey; también elaboraba tabaqueras en carey, marfil o madera; componía abanicos e instrumentos musicales y tenía un almacén de latonería; todo esto en la calle Colón, n.º 88.

No hay mayores noticias, en estos años iniciales del siglo XIX, respecto al oficio de peinetero o acerca de cómo se fabricaban las peinetas, de dónde procedía el carey para su elaboración y cuál era el mercado de la peineta en la Venezuela de aquellos tiempos, ni en los años posteriores.

Este fue uno de los aspectos que suscitó mi atención e interés, a fin de tratar de obtener más información sobre las peinetas, su fabricación y comercio en Venezuela, básicamente por tratarse de la actividad en la que se formó José Ignacio Padrón y a la cual dedicó una parte importante de su existencia.

La primera información la obtuve en la *Enciclopedia Universal* editada por Espasa Calpe. Allí pude recabar los datos básicos sobre el carey, el cual se obtiene de la tortuga que lleva el mismo nombre. El procedimiento empieza matando a la tortuga con un golpe en la cabeza; acto seguido, se sumerge el caparazón en agua hirviendo para desprender las placas, ya que si transcurre un tiempo entre la muerte de la tortuga y la extracción de las placas, estas pierden su calidad.

De una tortuga pueden salir hasta 13 placas dorsales, con un peso de aproximadamente 14 kilos; las más grandes pueden llegar a tener hasta 48 cm. Estas placas se ablandan con el calor y adquieren un brillo especial al ser pulidas. Se utilizan para la fabricación de objetos considerados lujosos: peines, cajas, peinetas, agujas, decorados. Hasta aquí la *Enciclopedia Universal.* No se menciona allí cómo se procedía para fabricar la peineta después de obtenida la placa o concha de carey.

Dar con este procedimiento resultó más complicado. No hay mucha bibliografía sobre el tema y el único libro que pude conseguir, titulado *Le peigne dans le monde*, escrito por Robert Bolle y publicado en París el año 2004, lo encontré en la biblioteca del Museo del Traje en Madrid en un viaje que hice en marzo de 2011. No tenía mayor información sobre las peinetas ni su fabricación de este lado del mundo.

El mismo día que visité el Museo del Traje, conversando con Daniel Restrepo, amigo e historiador de la Fundación Mapfre, le comenté la dificultad de conseguir información acerca de la fabricación de las peinetas de carey. Me recomendó que hablase con Anunciada Colón, también historiadora y conocedora, por tradición familiar, del uso y arte de las peinetas. La llamamos inmediatamente y Anunciada recomendó que visitase la tienda histórica de peinetas en Madrid, a la cual iba su madre, en la calle Goya y para allá me fui.

En la calle Goya n.º 28, en una tiendecita minúscula con miles de detalles y objetos menudos, incluyendo peinetas, peinecillos, cajitas, abanicos y un sinfín de adornos y curiosidades, estaba la señora Eugenia Merolla, de casi ochenta años, con su perrita la Chata.

Resulta que la señora Eugenia aprendió a hacer peinetas de carey con su padre, Alejandro Merolla, de origen napolitano. Desde comienzos del siglo XX, Alejandro Merolla se instaló en Madrid, en ese mismo lugar de la calle Goya, y se dedicó a la fabricación y reparación de peinetas de carey, en una época en la que ya eran una rareza en virtud de que, desde mediados del siglo XIX, lo más común era fabricarlas de celuloide.

El señor Merolla elaboraba las peinetas con conchas de carey que adquiría, procedentes de Cuba y de República Dominicana. Fue así como, en su niñez, Eugenia aprendió a hacer peinetas de carey, primero viendo a su papá y después como su ayudante. El procedimiento era como sigue: las conchas se sometían al calor, preferiblemente hirviéndolas, a fin de ablandarlas hasta ponerlas planas, para poder trabajarlas y darles la forma. Para ello se utilizaban unos moldes de madera, encargados previamente a un ebanista y, en algunos casos, con diseño previo del peinetero; sobre estos moldes se colocaba la concha para fijar la curva, tanto del cuerpo superior de la peineta como del inferior, con moldes diferentes para cada parte.

Luego de tener lista la estructura de la peineta, viene el procedimiento más elaborado del decorado, es decir, de las tramas y dibujos que distinguen cada peineta en la parte superior. Para esto se utilizaban unas plantillas, como una especie de patrones, similares a los que se usan para coser o bordar, los cuales, en algunos casos, también eran diseñados por el propio peinetero. El dibujo se marcaba en la peineta y se iba cortando poco a poco con seguetas de distinto tamaño y grosor; todo esto con mucho cuidado, a fin de evitar que se quebrara o rompiera la pieza.

Elaborado en su totalidad el dibujo, luego de cortarlo según el diseño, debían limarse todos los bordes, interiores y exteriores, utilizando limas finas y gruesas para garantizar que no quedase ninguna aspereza. Cuando concluía esta parte del trabajo, se procedía a pulir la peineta con una pasta que traían de Alemania –no supo decirme qué clase de pasta; supongo que sería algún tipo de cera– hasta dejar la peineta parejita y totalmente brillante. Todo este trabajo se hacía en un taller de manera artesanal. En el caso del señor Merolla, había varios operarios que trabajaban como ayudantes. Alejandro Merolla murió el año de 1958 y hasta esa fecha trabajó el carey. Después de su muerte, Eugenia no volvió a participar en la fabricación de peinetas.

Puede suponerse que la técnica de fabricación artesanal de las peinetas, a partir de la concha del carey, no debía ser muy distinta de la que se practicaba en Venezuela en los años en que José Ignacio Padrón se inició en el oficio de peinetero. Se necesitaba, sin duda, haber trabajado en algún taller, a fin de aprender el oficio y el desarrollo de ciertas destrezas, para poder fabricar las peinetas y que estas pudiesen ser colocadas y vendidas en el mercado.

El negocio del carey, por lo demás, debía tener algún éxito en la Venezuela de entonces ya que, en 1833, Jeremías Morell, ciudadano norteamericano, solicita que se le autorice el establecimiento de un vivero de carey en Los Roques. Para ello envía un oficio al Ministerio de Interior y Justicia. Ese mismo año, el 7 de diciembre, se publica en la *Gaceta de Venezuela* la respuesta del ministro Antonio Leocadio Guzmán, autorizándolo a instalar el vivero por un lapso de cinco años.

Unos años después, el 20 de julio de 1836, Agustín Valarino, súbdito de Su Majestad Británica, solicita se le otorgue una concesión de 20 años para la pesca y explotación del carey, con carácter de exclusividad, también en las islas de Los Roques. Ofrece pagar 200 pesos al año por la concesión, manifiesta su disposición a abonar por adelantado el monto correspondiente a los primeros cuatro o cinco años y, en la misma comunicación, se compromete a prestar varios servicios al gobierno, en caso de que fuese aprobada su solicitud.

Se ofrece para vigilar el contrabando en la zona e impedir la extracción de la planta orchila a quien no tuviese autorización para ello; se encargaría de recabar los derechos de explotación de la sal, ahorrándole así al gobierno el pago del guardia que estaba a cargo de ello y, por último, se compromete a apoyar la construcción de un faro en la isla y a darle mantenimiento con el auxilio del gobierno.

Argumentaba Valarino que se trataba de una industria que bien podría convertirse en un ramo para las rentas nacionales, en virtud de la abundantísima existencia de la tortuga carey en toda la costa del país; denunciaba, al mismo tiempo, los reiterados abusos cometidos por numerosos extranjeros que pescaban las tortugas descuidando la edad del animal, en tiempo en que la concha no era comercialmente estimable. Tenía, pues, el interés de convertir la explotación del carey en un negocio rentable.

No hay una respuesta firme: en la *Gaceta* del día 6 de agosto de 1836, se publica la solicitud de Valarino y se da un plazo de 50 días a fin de conocer si hay alguna proposición al respecto. No hay más noticias sobre la propuesta del inglés.

En estos mismos años en que salen publicadas las solicitudes de Morell y Valarino, la importación de carey era bastante variable. Entre 1834-35, se importaron 338 libras de carey por un monto de 2.537 pesos; al año fiscal siguiente, 1835-1836, bajó considerablemente la importación de carey a 12 libras, por un monto de 116 pesos; aumentó un poco más del doble, a 26 libras, entre 1836-1837 y siguió en ascenso hasta alcanzar la cantidad de 136 libras en el año fiscal 1837-1838. El precio de importación también era variable: de 7,5 pesos la libra subió a 9,6, para bajar a 5,6 pesos y volver a subir a 6,6.

Algún atractivo y beneficio debía proporcionar el negocio del carey en los años treinta ya que, del dato aislado aparecido en la *Gaceta de Caracas* en 1811, se ve un creciente interés en el carey en estos años iniciales de la década de los años treinta. En relación con la fabricación de peinetas, si bien no hay mayores referencias sobre maestros peineteros o información relativa a talleres en los cuales se elaboraban peinetas, se puede decir que era un oficio que tenía alguna popularidad. En enero de 1836, por ejemplo, pude conseguir un número significativo de 21 peineteros, cada uno de ellos identificado con su nombre y apellido en la lista de los sargentos, cabos y soldados que componían las distintas compañías pertenecientes al batallón Caracas.

En las páginas de la *Gaceta de Venezuela* del día 30 de enero de 1836 están registrados con el oficio de peinetero los siguientes individuos: Marcos Parra, Miguel Caliman, José Mendible, Francisco Cala, Ramón Avendaño, José María Cabrera, Pedro Díaz, Cruz Alcántara, Juan Fernández, Francisco Irazábal, Alejandro Sigler, Antonio Trujillo, José González, José del Carmen Silva, Felipe Muñoz, Narciso Borges, José Andrés Losada y Pedro Álvarez.

Volviendo a la historia de José Ignacio Padrón, nuestro peinetero, hay evidencias de que, abolido el estanco del tabaco, se ocupó con mayor dedicación a la fabricación de peinetas. El año de 1834, Padrón compró una partida de carey en el puerto de La Guaira por cuatrocientos pesos, lo cual era una suma considerable de dinero, sin duda, y una cantidad significativa de libras de carey, aproximadamente 53 libras. Ramón Aveledo, maestro de peinetería, conocía a Padrón, sabía que hacía negocios de carey en Caracas y La Guaira y que era diestro en el oficio, al punto de llegar a beneficiar hasta veinte peinetas en una sola partida.

Las peinetas de José Ignacio Padrón estaban colocadas en la peinetería de Aveledo. También se podían conseguir en la canastilla de Manuel Betancourt y en el negocio de Manuel María Izaguirre, los tres localizados en Caracas.

Una muy buena peineta podía alcanzar hasta un monto de ochenta pesos, lo cual representaba un artículo de lujo que podía ser adquirido solo por mujeres que pudiesen contar con ese monto para darse un gusto de esa calidad.

Una mujer libre que prestase sus servicios en la ciudad cocinando, lavando, planchando, moliendo maíz o realizando cualquier otra tarea doméstica recibía apenas un peso semanal o, en el mejor de los casos, dos pesos por semana. Su poder adquisitivo, por tanto, era bastante limitado, por no decir casi nulo. No podía ni soñar con comprarse una peineta de carey. De manera, pues, que las clientas de Padrón eran damas de la alta sociedad, como Mercedes Revenga quien, en una ocasión, le compró una peineta por ochenta pesos, o María Antonia Bolívar, quien le hizo varios encargos en distintas oportunidades.

Seguramente, por el negocio de las peinetas, José Ignacio Padrón conoció a María Antonia Bolívar. También pudo contribuir a ello el hecho de vivir en un lugar citado en las fuentes con el nombre del Empedrado, localizado en la parroquia La Vega, en una pieza alquilada cerca de la casa de descanso que tenía María Antonia en ese mismo lugar. No hay mayores precisiones acerca de este sitio en particular ni de su ubicación específica; solo el nombre. Seguramente se trataba de una calle de piedras y de allí la denominación del Empedrado.

En el año de 1835, entre febrero y marzo, José Ignacio Padrón comenzó a trabajar directamente para María Antonia Bolívar, como dependiente y «agente de sus negocios». En esta condición se mantuvo durante cuatro meses, cuando dejó de trabajar para ella, por un convenio privado entre los dos.

A partir de ese momento y en los meses posteriores, José Ignacio Padrón entraba y salía de la casa de María Antonia, de día y de noche. Mientras Padrón estuvo en tratos con la señora Bolívar, resulta claro que se vio favorecido por los beneficios que se derivaron de esta amistad.

Al estallar la Revolución de las Reformas a mediados del año 1835, justo en la época en que se inició el «convenio privado» entre los dos, José Ignacio Padrón, por mediación de la señora Bolívar, consiguió que el señor Francisco Jiménez lo reconociera y firmara una certificación, pagada por la misma señora, en la cual decía que, por encontrarse enfermo, no estaba Padrón en condiciones de formar parte del ejército. Se vio eximido así de combatir contra los reformistas. Muchos otros peineteros no corrieron con la misma suerte y tuvieron que alistarse en las milicias, como se vio párrafos atrás.

El alzamiento de los reformistas fue una revolución que se inició en Maracaibo el 7 de junio de 1835. En Caracas los sucesos tuvieron lugar, un mes más tarde, la noche del 8 al 9 de julio. Los alzados sometieron al presidente José María Vargas y, ante su categórica negativa de aceptar la interrupción violenta de su mandato, fue destituido de la Presidencia, encerrado en prisión y expulsado del país. El 9 de julio se dio a conocer una proclama en la cual se expusieron los motivos y principios de la revolución y se proclamó al general Santiago Mariño jefe de la rebelión. Inmediatamente, el general José Antonio Páez salió en defensa del orden constitucional y recuperó el control de la capital. Vargas regresó al país y el 20 de agosto se encontraba de nuevo en la Presidencia. La revolución se mantuvo en Maracaibo, en Puerto Cabello y en el oriente del país, adonde se refugiaron muchos de los reformistas bajo el amparo de José Tadeo Monagas. En noviembre fueron derrotados. Maracaibo cayó en enero del año siguiente y el último reducto de Puerto Cabello fue sometido en marzo.

Durante las primeras semanas del alzamiento, José Ignacio Padrón se mantuvo escondido en la hacienda Macarao, de la señora Bolívar. Obtenida la certificación que lo eximía de ir a la guerra y mientras el conflicto se desarrollaba en Maracaibo y Puerto Cabello, a Padrón no le fue mal. Se mantuvo en la fabricación y venta de peinetas y se inició en un negocio de mayor envergadura: la compra y venta de ganado.

Seis vacas, cuatro becerros y una mula le regaló María Antonia Bolívar a José Ignacio Padrón, además de otras bestias y algún dinero en efectivo. La mula se la regaló por el día de su santo, y las vacas las fue a buscar él mismo a San Mateo con una orden de ella para el señor Gabriel Camacho, el marido de Valentina Clemente, la hija mayor de María Antonia.

En total, María Antonia le entregó a Padrón entre mil cuatrocientos y mil quinientos pesos. También le hizo otros regalos más personales, la mayor parte descritos con diminutivos en el expediente. Los regalos fueron: algunas prendecitas, una daguita, un relicarito dorado con su cadenita, un relicarito de plata, seis libritos en pasta, una espada, un busto del general Bolívar, un cepillo, cinco pañuelos de batista, algunos ya usados; una camisa, dos cadenas doradas, unos botones de camisa y un cuadrito con dos enamorados que por el reverso, en letra de María Antonia, decía: «De Padrón».

Con el regalo de las vacas, la mula y el efectivo se amplió considerablemente la capacidad económica de José Ignacio Padrón y se diversificó el ámbito de sus negocios. La mula que le regaló María Antonia se la vendió a ella misma por 120 pesos; con la venta de dos vacas y un caballo rucio se compró otra mula; con esta mula más cuarenta pesos completó para comprarle un solar a Félix Bigott; llegó a tener hasta 20 vacas, colocadas en un terreno en El Jarillo propiedad de un señor Odaly; se compró un reloj bueno en noventa pesos; le propuso a Carlos Núñez comprarle su casa en mil pesos, pero este no aceptó el negocio. Acordaron entonces que le alquilaría la casa por 8 pesos mensuales, pagándole por adelantado varios meses. Su proyecto era montar allí una posada. En los meses siguientes se dedicó a hacer los preparativos y compras para convertirse en posadero. Su tía Magdalena Padrón le prestó 500 pesos; su mamá le dio sesenta pesos que recibió de María Antonia Bolívar por la venta de una criada; compró una mesa de billar y también el mobiliario y muchos otros objetos de uso para el futuro negocio.

Cuando se encontraba en estos menesteres, recibió una carta de la señora María Antonia Bolívar solicitándole el pago de trescientos pesos que le adeudaba. El 3 de junio de 1836, Padrón responde a sus requerimientos en los términos siguientes:

CARTA I:

Señora María Antonia Bolívar

Caracas, junio 3 de 1836

Apreciable señora: acabo de recibir una carta de Vuestra merced en que me dice que como estoy comprando casa, criada y estancia, cree que tengo bastante numerario y puedo pagarle sus trescientos pesos que me prestó. Yo, señora, hasta hoy estaba creyendo que no debía un centavo a persona nacida, pero he salido de mi error por su carta de Vuestra merced. Le suplico se sirva presentarse ante un Juez con documento que tenga mío el que la satisfaré al momento aunque no esté vencido el plazo.

Si Vuestra merced me presenta un documento que quizá habré hecho en algunos momentos de sueño o vino; aunque no tengo dinero, al momento pondré en pública almoneda una criada rucia que con mil trabajos he comprado por serme tan necesaria, uno varón también mío, un caballo y una mula, todos de mi propiedad y los únicos bienes que poseo, para a Vuestra merced que me parece alcanzarán, y si faltare algo para cubrir la cantidad que me cobrase, tendré el placer de concertar mi persona para tirar un zurrón y quedar con Vuestra merced y libertarme de una carga tan pesada como la de deber a un ri[roto].

Quedo de Vuestra merced afecto
Su Seguro Servidor Que Besa Sus Pies

José Ignacio Padrón

Ese mismo día le manda una segunda carta, insistiendo en el asunto y manifestando sus dudas respecto a que hubiese firmado un papel demostrativo de la deuda.

CARTA 2:

Señora María Antonia Bolívar

Caracas, junio 3 de 1836

Muy Señora mía: siendo así que Usted mantiene en su poder un recibo o pagaré hecho y firmado de mi mano y asegurado con testigos, quiero identificarme de ello, pues estoy persuadido de que si lo he hecho ha sido indebidamente, pues no me acuerdo de haber recibido tal cantidad, ni creo a Usted sea capaz de prestar trescientos pesos sin premio e hipoteca.

Sin embargo, Usted puede endosar dicho documento a cualquiera persona para que esta haga las veces de Usted y yo, si reconozco mi firma, pagaré inmediatamente con todos mis bienes, y aunque, vuelvo a decir, no he recibido nada de Usted, me aplicaré aquel dictrito [*sic*], «á tanto firmes, á cuanto estás obligado» yo quedaré obligado a servirme por mí mismo, pero me haré cargo de que nací al mundo en cueros, mis brazos están robustos, y que por bien poco compro una experiencia eterna.

Soy Su Seguro Servidor

Jose Ignacio Padrón

Por estas dos cartas puede deducirse que la cercanía y amistad entre Padrón y María Antonia había concluido o estaba pasando por un mal momento. Padrón siguió adelante con su proyecto de la posada y en los primeros días de agosto abrió finalmente el negocio. En el primer mes, la posada le produjo 160 pesos, sin contar el pago de los alquileres, dos meses de patente de la posada y un mes de patente del billar.

El 9 de septiembre, a un mes de abrir la posada, José Ignacio Padrón fue sometido a prisión en la cárcel de Caracas, denunciado por María Antonia Bolívar de haberle robado 10.000 pesos de su casa en la esquina de Sociedad. Ese mismo día se llevó a efecto el allanamiento de la posada y de la pieza que tenía alquilada en el Empedrado, a fin de hacer el inventario pormenorizado de sus bienes.

Al momento de entrar en prisión, José Ignacio Padrón era dueño de los siguientes bienes:

En la posada:

Treinta y cinco pesos tres reales y tres cuartos en moneda de plata en fuertes y menudo.

Una mesa de billar nueva con una taquera con catorce piezas.

Un juego de doce bolas de todos tamaños.

Dos docenas y media de sillas amarillas de buen uso.

Tres mesas pequeñas con sus hules.

Una mesa grande nueva de comer como de tres varas forrada toda con un hule nuevo.

Otra mesa grande cuadrada nueva.

Un mostrador con su armadura de botiquín.

Tres docenas de botellas de cristal, nueve de ellas vacías y las demás llenas de licores.

Dos frascos grandes de cristal vacíos.

Ocho botellas de cerveza.

Once copas de cristal en una bandeja, cinco grandes y seis pequeñas.

Once bandejitas de hojas de lata pintadas para el servicio.

Cuatro azucareras.

Cinco quesos de Flandes.

Ocho lámparas.

Treinta y una canecas de quiebra.

Dos candeleros de hoja de lata.

Trece cuadros.

Cinco espejos.

Dos docenas de platicos con sus escudillitas y cucharitas de tomar café.

Dos romanillas de las dos puertas.

Una Tercerola de dos cañones.

Una mula negra.

Un apero de montar.

Un par de espuelas de plata.

Una espada.

Un par de pistolas grandes y una [pistola] sola.

Dos barriles y siete garrafones de licor, cuatro de los últimos con algunos restos.

Un pedazo de azúcar como de ocho a diez libras.

Cinco botijuelas que contenían aceite, dos de ellas con algún poco de él.

Un juego de peroles de fogón con diez de estos.

Una lamparita y un molino de café.

Un farol grande y una caja de dominó.

Dos aguamaniles.

Un cepillo usado.

Dos adornos de gasa de las puertas.

Una guitarra.

Varios otros útiles de la casa de poca consideración.

Un escritorio.

En su habitación del Empedrado:

Dos levitas y una casaca, todas de buen uso.

Unos calzones de paño muy usados.

Nueve chalecos, cuatro de seda, dos de paño, y los demás blancos la mayor parte de todos muy usados.

Cuatro calzones, dos de un género de seda, uno de sempiterna y uno blanco, todos de uso.

Un cotón más de seda y cuatro pañuelos de mano.

Dos camisas.

Tres pares de media sin uso.

Un retazo nuevo de pañete picado.

Un calzón de adentro y un pañuelo usado.

Un retazo de sarasa azul.

Dos relojes de plata.

Dos cadenas como de cobre.

Una cajita con siete piecitas de oro.

Una daguita.

Tres libros nuevos con forro encarnado.

Una colección de pinturitas en vidrio.

Un bandolín con su caja.

Un sombrero nuevo.

Una lima grande.

Un escaparate que contiene una poca de munición, pólvora y unas resmas de papel.

Un baúl grande que contiene la ropa y varios efectos de los embargados, sellado por no tener llave y uno pequeño vacío.

Bienes sin embargar:

Dos criados.

Un solar situado en el barrio San Juan.

Este era todo el patrimonio de José Ignacio Padrón; sin duda, un hombre de recursos bastante modestos, dueño de una posadita con unos pocos coroticos, con algunas prendas de vestir, muchas de ellas gastadas. No hay siquiera ningún calzado en el inventario, salvo el que debía llevar consigo. Los objetos de mayor «lujo» son dos relojes de plata, las piecitas de oro, las espuelas de plata, la guitarra, la mula y los dos criados.

La única descripción física de José Ignacio Padrón se hizo durante el juicio:

Era un joven alto, delgado, de nariz chata, color amarillento, pelo crespo y sin barba.

UN MOZO POBRE Y MISERABLE

El día 8 de septiembre de 1836, María Antonia Bolívar le dirige una comunicación al señor alcalde general de la parroquia Catedral para denunciar el robo ocurrido en su casa el 19 de abril de ese mismo año. De acuerdo con su denuncia, el monto sustraído fue de 10.000 pesos en onzas de oro, hubo fractura de la puerta y el arca en donde estaban guardadas las monedas fue violentada y destruida parcialmente. En esta misma carta, deja saber que sus sospechas recaen sobre el joven José Ignacio Padrón. Explica María Antonia que, desde el primer momento, tuvo la presunción de que había sido Padrón el responsable del robo, ya que ese mismo joven le había solicitado en préstamo una cantidad de dinero pocos días antes de que sucediese el robo y, como ella se negó, la respuesta de Padrón a Francisco, su criado, fue «... ¿conque mi señora María Antonia no me quiere dar esa cantidad? Entonces yo le he de hacer una y buena».

A este comentario hecho por Padrón, según describe María Antonia en su comunicación al alcalde, se sumaban varias «noticias e indicios vehementes» contra el mismo sujeto.

En un primer momento incitó a José Antonio Díaz, alcalde primero de la parroquia, para que registrase la casa del sospechoso, pero este se excusó alegando que estaba prohibido el allanamiento de las casas. Finalmente, el 8 de septiembre tomó la determinación de solicitar el inicio del procedimiento, siguiendo el artículo 3.º de la ley de hurto sancionada el 23 de mayo de ese mismo año.

La petición de María Antonia fue remitida, ese mismo día, al juez 1.º de la parroquia Catedral, el Dr. José Julián Osío, quien tendría a su cargo levantar el sumario de la causa.

Al día siguiente, María Antonia se dirige al tribunal y solicita que José Ignacio Padrón sea sometido a prisión. El propósito de su petición era impedir que el acusado, enterado del procedimiento que se estaba adelantando en su contra, tratara de escapar e intentase vender sus propiedades. Nuevamente recurre a la ley de hurto ya citada. También solicita el allanamiento de la posada propiedad de Padrón, a fin de que pudiese verificarse si había allí alguna evidencia de lo robado. Para que la disposición se llevase a cabo de manera efectiva, solicita que se pidan los auxilios necesarios al juez político.

El mismo día, el tribunal emitió la orden de prisión contra el sospechoso y autorizó también el allanamiento de la posada. Informó el guardia que, en un primer momento, Padrón había intentado escapar dirigiéndose a su casa; pero que, informado del arresto decretado en su contra, se dejó conducir voluntariamente a la cárcel pública. Esa noche Padrón durmió en la cárcel y se dio inicio al inventario de sus pertenencias, tanto las que se encontraban en la posada, como las que estaban en la habitación que ocupaba en el sitio del Empedrado.

Concluido el sumario, el 11 de septiembre, la causa fue remitida al juez de primera instancia, el Dr. Juan Jacinto Rivas.

El juez Rivas solicita la presencia de María Antonia Bolívar el día 15 de septiembre, a fin de conocer si se constituía formalmente en acusadora de José Ignacio Padrón. Su respuesta fue negativa; debía el tribunal, con los datos suministrados por ella, dar seguimiento a la causa.

Pocos días después, María Antonia Bolívar se anima a escribirle una carta al juez Rivas. La carta tiene fecha 20 de septiembre y dice así:

CARTA 3:

Muy señor mío:

Debo advertir y hacer presente a Usted que consecuente al robo que se me hizo el 19 de abril, y considerando siempre que no podía ser otro que José Ignacio Padrón según todos los síntomas, tomé en secreto la precaución de llamar a mi casa a una zamba vieja llamada Lorenza de la casa del dicho Padrón, para encargarle, como le encargué, examinase e indagase del modo que le fuese posible, si le veía onzas o algunos bustos de oro de mi hermano Simón Bolívar que estaban dentro del saco, y en efecto, a pocos días de mi encargo se me apareció en casa dicha zamba trayéndome dos de los bustos que me dijo había encontrado, junto con la llave nueva que acompaño, que sin duda fue con la que me abría la puerta de la calle, pues aunque parece hecha de algún aprendiz, le sirve a la cerradura exactamente según lo verá el Tribunal, de cuyas resultas quité la cerradura que también remito con la llave vieja y puse otra en su lugar. Dejo los dos bustos en mi poder, pero la zamba Lorenza salió de la casa de Padrón y existe por Santa Rosalía que me será fácil proporcionar su encuentro si se manda llamar o citar con un ministro. Digo esto porque tal hallazgo es parte esencial del cuerpo del delito cometido, y no quiero se omita nada en la averiguación que está haciendo la justicia, y de que no había dado denuncio anteriormente porque la dicha Lorenza se encontraba fuera en Barquisimeto y ahora ha vuelto.

Quedo de Usted atenta

María Antonia Bolívar

La respuesta del juez no se hizo esperar. En términos absolutamente respetuosos, ese mismo día, le dirigió una breve comunicación cuyo contenido es elocuente de las formas y procedimientos que debían guardarse en el seguimiento de la causa:

CARTA 4:

Señora María Antonia Bolívar:
Como Juez de Primera Instancia encargado de administrar justicia no recibo cartas particulares, ni puedo oír a las partes en otro lugar que en el mismo Tribunal. Usted puede presentarse denunciando a la voz o por escrito, y entonces esté Usted segura de que haré todo lo que me corresponda en cumplimiento de mis deberes. Entretanto, yo devuelvo a Usted los dos bustos con las llaves y cerraduras, para que si Usted quiere sean presentados de una manera legal.
Como Juan Jacinto Rivas soy de Usted muy respetuoso Servidor.
Que Besa Sus Pies.

Juan Jacinto Rivas

Ante la cordial e inconmovible respuesta del juez, María Antonia Bolívar resuelve remitir una comunicación formal al tribunal para describir con mayor precisión los hechos ocurridos el 19 de abril en su casa, insistir en su presunción de que no podía ser otro que José Ignacio Padrón el ejecutor del robo y presentar nuevos testigos y evidencias que pudiesen ser utilizados en el procedimiento que se encontraba en marcha.

De acuerdo con esta nueva comunicación fechada el 22 de septiembre, el robo ocurrió la noche del 19 de abril de 1836, cuando ella y toda su familia se encontraban en la casa de campo del Empedrado. La casa de la esquina de Sociedad había quedado cerrada en la seguridad de que, tratándose de una calle tan pública y de tanto vecindario, nadie se atrevería a invadirla con agravio de la sociedad y de las leyes. Pero no sucedió así:

No faltó malvado que prevaliéndose de la ocasión de mi ausencia me abriese la puerta de la calle y entrándose al cuarto de enfrente que tenía una puerta con llave, y otra con tranca de palo, fracturase una caja que tenía dentro un talego con diez mil pesos en onzas de oro, parte de ellas españolas, una gran parte mexicanas, y muy pocas colombianas, juntamente con diez bustos del mismo metal de mi hermano, el general Simón Bolívar, que vinieron del Perú, cuyo dinero tenía reservado para la compra de un trapiche.

Descrito el suceso, reitera lo dicho en su primera comunicación del 8 de septiembre respecto a sus sospechas sobre Padrón. En este caso, se extiende en su argumentación acerca de las razones que la llevaron a pensar que José Ignacio Padrón podía ser el ladrón. El joven Padrón –alega María Antonia– «… es un mozo pobre y miserable que andaba en esta ciudad ganando dos o tres reales en calidad de escribiente y a quien yo había tenido en mi casa en clase de dependiente pagándole una cuota mensual por hacerme algunas diligencias y por llevarme la correspondencia epistolar, al cual había despedido algunos meses antes del suceso, porque ya le había notado otras faltas que me hacían entrar en desconfianza».

Estaba convencida de que ese «mozo pobre y miserable» era el ladrón; la evidencia mayor, a los ojos de María Antonia, y el motivo esencial que la llevaba a no tener la menor duda al respecto, era el cambio de vida que se notaba en él durante los últimos meses. Esto debía ser tomado en cuenta por el tribunal a la hora de admitir sus sospechas.

Cómo no dudar de la culpabilidad de Padrón, decía María Antonia en su oficio al tribunal, después «… de ver a un joven infeliz, de la noche a la mañana, haciendo francachelas, gastos y desembolsos que son totalmente incompatibles con su miserable suerte y ninguna fortuna».

La respuesta estaba absolutamente clara, por lo menos para ella: durante los meses que trabajó en su casa se impuso de los detalles, de sus movimientos, de sus idas y venidas y del cuarto en donde estaba la caja que contenía el tesoro.

La oportunidad es propicia para incorporar al expediente la misma carta que le había remitido al juez Rivas, a título personal, informándole la precaución que tuvo al enviar secretamente a la sirvienta Lorenza a examinar las pertenencias de Padrón, y el hallazgo que esta hizo de los dos bustos de su hermano y de la llave que le sirvió para entrar a la casa.

Esta última comunicación que remite al tribunal, así como las diligencias y averiguaciones que solicita, tienen como finalidad que el delito se investigue: «… que no quede sin castigo la vindicta pública».

Suplica al tribunal que se presenten los bustos a la vieja Lorenza y al sospechoso a fin de que los reconozcan y que, luego de ello, se le devuelvan bajo la oferta de que estarían a disposición del juez, siempre que los necesitasen.

En las comunicaciones que María Antonia Bolívar dirige al tribunal, el 8 y 9 de septiembre, hace mención a una ley según la cual debía regirse el procedimiento judicial contra el ladrón: la ley de hurtos del 23 de mayo de ese mismo año.

Esta ley sustituía a la del 3 de mayo de 1826, en atención a que, de acuerdo a la experiencia, no había dado buenos resultados por su «excesivo rigor» y su «gravísima desproporción» además de que, en su aplicación, se habían encontrado obstáculos insuperables.

La nueva ley establecía que, en los delitos de hurto, los jueces de primera instancia, los alcaldes parroquiales y los jueces de paz tenían a su cargo la elaboración del sumario, así como la realización de las primeras diligencias, a fin de averiguar el delito, determinar quiénes era sus autores y decidir si correspondía someterlos a prisión.

La continuación de la causa estaba a cargo de los jueces respectivos, hasta dictar la sentencia; la ley fijaba, de manera expresa, que no debía haber interrupciones, ni siquiera en los días festivos, mientras se ejecutaban las diligencias del caso. Los gobernadores y jefes políticos serían los responsables de cuidar y garantizar el cumplimiento de sus deberes por parte de jueces y alcaldes, prestándoles los servicios que resultasen necesarios.

La ley establecía dos tipos de hurto: de mayor y de menor cuantía. Los primeros eran aquellos en los cuales la cantidad o el valor de lo hurtado era superior a 100 pesos y los segundos, cuando el monto de lo robado era inferior a esta suma.

De manera que, en el caso del robo a María Antonia Bolívar, se trataba de un hurto de mayor cuantía, el cual superaba ampliamente la suma mínima establecida por la ley para esta calificación.

En los hurtos de mayor cuantía, luego de tomar las declaraciones, la causa se recibía a prueba por el término de seis días, en el caso de que el robo hubiese ocurrido en el mismo lugar; en caso contrario, a estos seis días se añadía el tiempo que tomase ir y regresar del lugar de los hechos. El auto de recepción de las pruebas debía notificarse en el mismo día a los reos y sus defensores. También especificaba la ley que, en los juicios sobre delitos de hurto, estaban derogados todos los fueros.

Los testigos que fuesen llamados a declarar y no comparecieran al ser requeridos por el juez serían penados con multas de veinticinco pesos o arresto de tres días.

De todos los aspectos que recoge la ley, lo más relevante son las penas que debían aplicarse, en caso de que quedase demostrada la culpabilidad del acusado, descritas en los artículos 26 al 29:

Art. 26. En los hurtos que excediendo cien pesos alcanzaren hasta quinientos, se impondrán al reo cincuenta azotes de dolor en la cárcel del lugar del juicio, y dos años de trabajo en las obras públicas del cantón o de la provincia respectiva.

Art. 27. Cuando el hurto excediere de quinientos pesos y no pasare de mil, se impondrán cincuentas azotes de dolor y además cuatro años de trabajo en las mismas obras.

Art. 28. Excediendo el hurto de mil pesos, se impondrán setenta y cinco azotes de dolor y además seis años de presidio.

Art. 29. Todo el que entrare en las casas, escalando, fracturando, abriendo con llaves falsas o haciendo violencia de cualquier modo, o que para ejecutar algún hurto hiciere uso de armas o las llevare, sin que cometa homicidio, sufrirá la pena de ser expuesto en una argolla a la vergüenza pública por cuatro horas con una inscripción en letras grandes que diga *por ladrón*; y después se le impondrán cien azotes de dolor, distribuidos en dos porciones en el intervalo de ocho días, y ocho años de presidio.

Las penas serían presenciadas por el juez que dictó la sentencia o por personas de su confianza y bajo su responsabilidad, a fin de evitar fraudes y de que no se ofendiese el pudor y la decencia pública.

También establecía la ley que los que hubiesen cometido el delito de hurto, así como sus cómplices, auxiliadores, receptadores y encubridores, además de sufrir las penas fijadas por la ley, quedaban obligados de *mancomun et in solidum* a restituir ejecutivamente en todo tiempo la cantidad hurtada o el valor de la cosa o cosas hurtadas.

Queda claro que, al momento de hacer la denuncia, María Antonia Bolívar conocía el contenido de la ley vigente; por tanto, al acusar a Padrón de haberle robado 10.000 pesos, de haber fracturado la puerta y de valerse de una llave falsa para ingresar a su casa, estaba consciente de que, de ser condenado, debía pagar la pena máxima establecida en el artículo 29.

Si lograba su cometido, José Ignacio Padrón recibiría 100 latigazos, sería sometido al escarnio público amarrado a una argolla con un letrero que decía «POR LADRÓN», lo encerrarían ocho años en la cárcel y, como si esto no fuese suficiente, quedaría endeudado con ella por 10.000 pesos, los cuales tendría que pagarle hasta el último centavo.

Un robo como el denunciado por María Antonia Bolívar no era un delito común para la época; se trataba de un episodio excepcional, ya que constituía una cantidad de dinero enorme, con la cual podía comprarse hasta un trapiche, como mencionó la propia denunciante en uno de sus oficios al tribunal.

Revisando la prensa de la época, puede uno percatarse de que no era frecuente que ocurriesen delitos como este. En la *Gaceta de Venezuela* son realmente escasos, por no decir casi inexistentes, los anuncios de robos o la relación de sucesos que diesen cuenta de episodios como el descrito y, cuando aparecen, se trata de hurtos bastante menores, en comparación con el denunciado por María Antonia.

Ese mismo año de 1836, el 12 de marzo, el señor Diego Alcalá denunció la fuga de un muchacho llamado Antonio, quien se había robado 100 pesos en efectivo, 27 en géneros, 2 mudas de ropa, un estuche de navajas, una cobija de lana y otras frioleras.

Poco tiempo después, el 16 de abril, el doctor Cristóbal Mendoza, el mismo que fue designado primer Presidente de Venezuela por el Congreso de 1811, ofrece una gratificación a quien diese razón del paradero de los tres últimos tomos –18, 19 y 20– de la *Enciclopedia Británica*, que le habían sido robados. El 30 de julio sale el aviso de María Antonia ofreciendo 2.000 pesos de recompensa a quien consiga al ladrón de los 10.000 pesos.

No hay otras noticias sobre robos, salvo un suceso excepcional digno de una página roja, ocurrido el 8 de septiembre de 1836 en las minas de Aroa, las minas que habían sido de Simón Bolívar y que en 1834 fueron compradas por unos ingleses a sus herederos, pagándoles un dineral.

Ese día, un grupo de hombres armados se presentaron en la oficina de la mina, sometieron a los empleados y se llevaron

10.500 pesos que se encontraban en el lugar para pagar a los acreedores; en el suceso murieron Ramón Jove, Duncan Kennedy, Juan Bousie, Manuel Córdoba y quedó herido Simón Guerrero.

El apoderado de la compañía inglesa, el señor William Ackers, se dirige a las autoridades locales dando cuenta del asunto y solicita a los alcaldes parroquiales y jueces de primera instancia que hagan las diligencias, a fin de que pudiesen ser localizados, aprehendidos, juzgados y castigados los autores y los cómplices del atentado.

Con el mismo propósito, escribe una carta al secretario de Interior y Justicia, dejándole saber que se trataba de un hecho *escandaloso de sangre y crímenes* que debía ser investigado. El alto funcionario, al recibir la comunicación, se dirige a la Corte Superior del tercer distrito judicial para que se inicie el procedimiento a la mayor brevedad.

Las cartas con la denuncia de Ackers y la respuesta del secretario de Interior y Justicia se publican en la *Gaceta de Venezuela* del 20 de agosto bajo el título «Robo y asesinato en Aroa».

Una semana después, la misma *Gaceta* publica una carta de Sir Robert Ker Porter, encargado de negocios del gobierno británico en Venezuela, dirigida al secretario de Interior y Justicia, en la cual le manifiesta su preocupación por el terrible episodio de Aroa y le solicita que se le preste la debida atención. La carta dice así:

> Mr. William Ackers, director general de los negocios de la sociedad de minas bolivianas en este país, me ha comunicado detalles de un asesinato muy bárbaro y horroroso cometido en Aroa contra varios empleados y sirvientes de dicho establecimiento tanto nacionales como británicos. Es, por consiguiente, de mi deber pedir encarecidamente al Ejecutivo que prevenga a las competentes autoridades que persigan con el celo más infatigable a los perpetradores de tan atroz y funesto acto. No dudo un momento que el Gobierno por su propio

crédito, igualmente que por la seguridad de los bienes y vidas de los habitantes, hará que los criminales, si se encuentran, sufran prontamente su juicio y, sin la acostumbrada demora en tales casos, sean ejecutados imponiéndoseles indefectiblemente aquel castigo por que clama con esfuerzo tan sangrienta e inhumana catástrofe.

El ministro responde a Porter dejándole saber que se libraron con la mayor prontitud las «excitaciones y órdenes más poderosas y eficaces para el descubrimiento y castigo de aquellos insignes criminales».

A los pocos días, el 10 de septiembre, se publica la información del sumario. Se encontraban detenidos: Ignacio Pinto, Francisco Contreras, Manuel Tovar, Juan José González, Trinidad Pérez, Javier Parra y Miguel Leal y, según informaba el juez de la causa, ya se había recuperado la mayor parte del dinero. Sin embargo, seguían fugitivos el cabezuela del motín, Marcos Pino, y varios de sus cómplices: José Gutiérrez, Rafael Torrealba y Francisco Marchena, contra quienes se habían girado las respectivas órdenes de búsqueda y captura en los distritos y estados vecinos.

Aparte de este suceso delictivo de mayor envergadura, no hay más noticias por la prensa de otros robos. Distinto ocurre en los tribunales, adonde acuden las víctimas cuando deben denunciar algún hurto, de mayor o menor cuantía, lo cual permite conocer los detalles del procedimiento, quién hizo la denuncia, a quién se acusa y cuál fue el objeto o el monto robado. Estas denuncias, al igual que los detalles del juicio, se encuentran en el Archivo General de la Nación, en las secciones Civiles y Criminales.

En Caracas, durante el año 1836, se presentaron 14 denuncias por robos, incluyendo la de María Antonia Bolívar contra José Ignacio Padrón. La revisión de los expedientes relativos a Caracas resulta interesante porque nos permite conocer cuál era, en cierta medida, el ambiente delictivo en la ciudad, el tipo de hurtos que ocurrían, la magnitud de los robos, los desenlaces y sentencias de cada uno de estos juicios y establecer si, efectivamente, se ejecutaban las penas contempladas por la ley.

En el resto del país, el número de robos es el mismo: hay 3 expedientes referidos a hurtos ocurridos en Angostura, 3 en Apure, 2 en Calabozo, 1 en Caicara, 1 en Cagua, 1 en Caraballeda; 1 en La Guaira, 1 en Los Teques y 1 en Valencia. Ninguno de ellos está calificado como de mayor cuantía.

Veamos algunos de estos casos.

Miguel Mérida, dueño de un matadero en Caracas, acusa a Raymundo Pérez y a Bacilio Fuenmayor de robarle 4 cueros de ganado. El 23 de febrero de 1836 se emite la sentencia: Bacilio es absuelto, pero Raymundo es condenado a cinco años de cárcel.

El 1.º de abril de ese mismo año, Pedro Acosta denuncia a Juan Cándido Fernández, de 26 años, nacido en Achaguas y jornalero del propio Acosta, de robarle unas piezas de ropa, unos botones de oro y otras prendas en la quebrada de Cariaco, cerca de Maiquetía. Lograron agarrar al ladrón correteándolo hasta la Puerta de Caracas. Fue condenado a 15 meses de presidio y a pagar los gastos de justicia.

Manuela Ceballos, de cuarenta años, vendedora de pan de trigo y frutas en la plaza Mayor de Caracas, es denunciada el 14 de julio de 1836 por Fermín Esquivel, panadero, de 22 años. La acusa de haberle robado un puño de reales y unos panes de trigo. Finalmente se determinó que pudo haber sido una cantidad cercana a los 10 pesos. El proceso se llevó a cabo; sin embargo, Esquivel no logró reunir pruebas ni testimonios suficientes para demostrar la culpabilidad de la acusada. Manuela quedó absuelta y el panadero fue condenado a pagar 51 pesos por las costas y 3 pesos a Manuela por perjuicios.

En el mes de junio, Isidro Aristeguieta, moreno de 16 años, de oficio carpintero, le robó a Juan José Vaamonde una escribanía portátil de caoba con enchapado de cobre que se encontraba cerrada con llave. Según manifestó el dueño, esta contenía en su interior la suma de 4.000 pesos. Isidro no logró abrir la escribanía para quedarse con los pesos, fue aprehendido, juzgado y considerado culpable. Se le impuso una multa de 50 pesos para pagar los costos de justicia y se le condenó a cinco años de presidio urbano en La Guaira.

Gregorio González le hurtó los cristales de su coche a Manuel Felipe Tovar. Esto ocurrió el 6 de agosto de 1836. La víctima del robo, el señor Tovar, era un hombre importante y poderoso. Había estudiado en Francia; hablaba varios idiomas. A su regreso a Venezuela, en 1829, tuvo destacada actuación y visibilidad política: fue miembro del Cabildo de Caracas, integrante de la Sociedad Económica de Amigos del País, hombre cercano a José Antonio Páez, diputado al Congreso Nacional, defensor de la candidatura presidencial de José María Vargas, aliado irrestricto del gobierno constitucional cuando el levantamiento de los reformistas. En 1836, cuando ocurrió el robo, presidía la Comisión de Instrucción Pública de la Sociedad Económica de Amigos del País y era miembro del Congreso. No le salió bien la jugada a Gregorio González. Demostrada su culpabilidad, fue acusado de hurto simple y condenado a cinco años de presidio.

En Caraballeda, el 21 del mismo mes de agosto, Esteban Galera, de 26 años, casado y jornalero, junto a Ubaldo Hernández, de 29 años, labrador y natural de Valencia, fueron sorprendidos en el corral del señor José Eugenio Bullos. A fin de hacer las averiguaciones del caso, se les arrestó preventivamente durante tres días. Finalmente se llegó a la conclusión de que no habían robado nada y los pusieron en libertad.

Tomás Frías, de 30 años, esclavo del señor José Navas, fue acusado por el señor Bartolomé Silva de robarle dos burros marcados con hierro, en Cagua. El 7 de septiembre, el señor Navas, dueño del esclavo, y el señor Silva, dueño de los burros, llegaron a un acuerdo. Navas indemnizó a Silva y el juez entregó el esclavo a su dueño para que ejecutase el castigo correspondiente a su falta.

También por robarse un burro es aprehendido Ramón Pérez, de veinte años, casado, labrador y caraqueño. El suceso ocurrió en Caracas, el 5 de diciembre de 1836. Ramón le vendió el burro a Marcelino Ortega. La denuncia la hizo Ramón Alvarado, el dueño del burro. Demostrada su culpabilidad, Ramón fue condenado a 25 azotes en la cárcel, pago de las costas y seis meses de trabajo en obras públicas.

Antes de que concluyera el año, también en el mes de diciembre, José del Rosario Silva es sorprendido por el juez de paz de Los Teques, el señor Manuel Páez, con una maleta llena de ropa y un cajón de tachuelas. La investigación se inició a fin de establecer si los objetos eran de su propiedad. José del Rosario se negó a contestar las preguntas alegando que no entendía lo que se le decía y respondiendo de manera torpe e incongruente. Fue evaluado por un médico a fin de determinar si padecía alguna enfermedad mental. El médico dictaminó que estaba sano; no se sabía tampoco si era persona libre o esclava. Finalmente confesó que había tomado la ropa de la casa de su padrino, Pablo Esparragosa, como pago por el tiempo que había estado a su servicio. Se marchó sin avisar porque no estaba conforme con el trabajo. Tomó entonces una levita, un capote, una chupa y dos sábanas de crea, las metió en la maleta y agarró también un cajón de tachuelas creyendo que era dinero. El expediente no tiene desenlace ni sentencia.

Hasta aquí, todas las causas son robos menores, a excepción de la escribanía que tenía los 4.000 pesos en su interior. Se trata de objetos menudos: cueros, pan, monedas, ropa, burros o el vidrio del coche del señor Tovar, el objeto más lujoso de todo el inventario. Hay sentencias que podrían sorprender por su extensión; en particular los cinco años de prisión a los cuales son sometidos Isidro Aristeguieta, el ladrón de la escribanía, y Gregorio González, por llevarse el vidrio del coche de Tovar. Y, solo uno de ellos, Ramón Pérez, es condenado con azotes y prisión por robar y vender un burro.

Un último caso merece nuestra atención. El suceso ocurrió la primera semana de agosto. El ladrón fue un carmelito descalzo, Ramón Prats, catalán, de 24 años. Quien denuncia es el doctor José Francisco Diepa, capellán del convento de las madres monjas carmelitas. Se trata de un robo de mayor cuantía ya que, según el inventario hecho por el padre Diepa, fueron sustraídas de su casa una serie de piezas de gran valor, entre alhajas, objetos de oro y de plata labrada valoradas en 5.445 pesos. La lista da cuenta de los siguientes objetos:

ALHAJAS:
Dos sortijas de diamantes. Una con un brillante solitario y la otra con cinco diamantes.
Una caja de madera y plata dorada.
Un reloj de repetición con música.
Una daguita pequeña.

OBJETOS DE ORO:
Cinco tenedores.
Siete cucharas.
Siete cuchillos.
Siete cucharas de café.
Dos mecheros de plata.
El Sol del Perú en su caja de oro.
Una medalla de oro de Norteamérica.
Una medalla de Boyacá con brillantes.
Un retrato de Washington.
Un retrato del general Bolívar.
Una cadena de oro con perlas.
Unas argollas de filigrana grandes.

Una cruz con su granada.

Una Santa Rita.

Una corona de la Virgen.

Seis potencias de Cristo.

Una estrella que sirve de clavo a la Virgen.

Un escudo de la Merced.

Un relicario pequeño del Carmen.

PLATA LABRADA:

Tres docenas de cucharas.

Dos docenas de cucharas de café.

Veintitrés tenedores.

Dos trinchantes.

Dos cucharones.

Dos cucharas de salsa.

Dos cucharas de sal.

Un cuchillo de pescado.

Dos saleros.

Cuatro platillos.

Un platón.

Una palangana.

Un saco con varios escudos de ciudades del Perú, de plata.

El episodio tiene interés particular por varias razones: por la cuantía y calidad de lo robado, por el hecho de que hubiese sido un cura el autor del robo y, sobre todo, porque una parte importante de los objetos robados eran propiedad de María Antonia Bolívar. De acuerdo con la nota que aparece en el expediente, firmada por la propia María Antonia, los objetos fueron entregados al padre Diepa el 7 de junio, luego del robo de los 10.000 pesos, seguramente con la presunción de que estarían más seguros en la casa del capellán del convento de las carmelitas que en su casa de la esquina de Sociedad.

El cuento del robo es como sigue: Ramón Prats, el ladrón, se encontraba hospedado en casa del padre Diepa desde hacía dos meses, de manera provisional, mientras arreglaba sus asuntos para seguir viaje a México. Como se trataba de un sacerdote y en atención a la confianza que le despertó el joven Prats, Diepa le solicitó su auxilio para movilizar, abrir y revisar el baúl donde se encontraban los objetos de María Antonia y otras prendas de valor, a fin de hacer un inventario pormenorizado de ellas. Se encerraron Diepa y Prats, solos en su habitación; revisaron el baúl, anotaron su contenido y con el auxilio de este último, volvieron a colocarlo en su lugar.

El primer indicio del padre Diepa acerca del robo lo tuvo cuando se percató de que le faltaban una de sus sortijas y otras alhajas. Esto fue en los primeros días de agosto. Sus sospechas recayeron en Ramón Prats, fundamentalmente porque en las últimas semanas había puesto mucho empeño en conseguir su pasaporte y realizar su viaje a México. Comprobada la ausencia del baúl y en virtud de que ninguna otra persona distinta a Prats estaba al tanto del lugar en donde se encontraba ni de su contenido, el 7 de agosto decidió poner la denuncia y le hizo saber a María Antonia Bolívar la novedad.

Ramón Prats fue aprehendido ese mismo día en la casa de habitación de Diepa. De una vez declaró su culpabilidad, confesó la autoría del robo y se comprometió a entregar intactas todas las prendas sustraídas. El baúl se encontraba a buen recaudo en casa de Rita Fernández, una amiga suya de toda confianza, explicó. Solicitó que no lo llevasen a prisión, que le permitiesen irse a México y, finalmente, que no lo obligasen a comparecer ante el padre Diepa, porque no quería verle la cara; se moriría de vergüenza.

Prats entregó la llave del baúl al juez y le dio la dirección de Rita para que fuesen a buscar el baúl con una carta de autorización suya. El juez, previa consulta y autorización de Diepa, ordenó el envío de una comisión para rescatar el baúl en La Guaira y traerlo de regreso a Caracas.

Al día siguiente, en presencia del padre Diepa y de un familiar de María Antonia Bolívar, se revisó el baúl y se hizo un nuevo inventario, separando las pertenencias de Ramón Prats, las alhajas del padre Diepa y las medallas, objetos de plata y de oro propiedad de María Antonia Bolívar. A la lista anterior se añadió el inventario detallado del saco de escudos pertenecientes a la señora Bolívar, entre los cuales se encontraban:

> 21 medallas de la República de Bolivia.
>
> 87 medallas redondas a estilo de fuertes.
>
> 1 medalla pequeña con un número 960.
>
> 1 medalla grande que dice María Luisa.
>
> 1 medalla pequeña de dos retratos.
>
> 17 monedas pequeñas o bustos que dicen Simón Bolívar.
>
> 10 medallas de cobre de varios tamaños.
>
> 1 pinza de plata.
>
> 1 relicario de plata.
>
> 1 triángulo de oro.

Pedro Quintero, abogado defensor de Ramón Prats, solicitó ante el tribunal que se tuviese indulgencia en el tratamiento del caso; alegó a favor del acusado su condición de extranjero y su desconocimiento de la ley por la cual sería juzgado; argumentó también que Prats se confió de la palabra del juez parroquial, quien le aseguró que no sufriría ninguna pena si confesaba el delito; también debía considerar el tribunal que Prats no se había beneficiado de las prendas robadas, que la dueña de la mayor parte del botín no se vio perjudicada con el robo y, finalmente, suplicó que se tomara en cuenta el genuino y sincero arrepentimiento manifestado por el catalán.

Ninguno de los alegatos del abogado Quintero fue tomado en consideración por el juez. Ramón Prats fue declarado culpable. El texto de la sentencia dice así:

En nombre de la República.

Vista la causa criminal seguida contra Ramón Prats por el hurto de varias alhajas, unas pertenecientes al Dr. José Francisco Diepa y otras a María Antonia Bolívar. Obran contra Prats los indicios que resultan de las declaraciones del Dr. Diepa y de José Joaquín Yanes, su propia confesión, y la comprobación del cuerpo del delito, por el hallazgo de las especies hurtadas en el sitio que él mismo indicó, y el de la carta con que fueron remitidas a La Guaira; de suerte que el delito está plenamente comprobado. No consta el día fijo en que este lo cometiese, mas él mismo ha expuesto que fue poco más o menos como una semana antes del doce de agosto último; de manera que le comprende la ley de 23 de mayo último que fue publicada en esta ciudad desde el 28 de junio. Por tanto y teniendo presente lo que dispone el artículo 28 de la ley citada, administrando justicia en nombre de la República y por autoridad de la ley, se condena a Ramón Prats a la pena de setenta y cinco azotes de dolor en la cárcel y seis años de presidio en el lugar que designe Su Excelencia la Corte Superior del tercer distrito, y a pagar el impuesto para gastos de justicia y las costas, consultándose por el primer correo esta sentencia con el tribunal superior.

Se apercibe al Alcalde 2do. de la parroquia de Catedral, Pedro Antonio Echezuría para que al tomar las declaraciones a los encausados se abstenga en lo sucesivo de emplear el medio reprobado de la seducción, inspirándoles una confianza falaz de impunidad a fin de hacerle confesar el delito, como ha manifestado él mismo que lo hizo con Ramón Prats.

Caracas, trece de septiembre de mil ochocientos treinta y seis.

Francisco Díaz

La sentencia es ratificada por el tribunal superior el 28 de octubre, estableciendo como lugar de reclusión el presidio de La Guaira.

La relación de cada uno de estos casos, y en particular este último, tienen relevancia, como mencioné párrafos atrás, por mostrarnos no solo el tipo de robos que ocurrían para la época, sino la manera como se llevaban a cabo los procedimientos, siguiendo los pasos previstos por la normativa vigente, así como el estricto seguimiento de lo establecido al momento de aplicar las penas contempladas por la ley. Los casos de hurto, aun cuando fuesen de menor cuantía, eran severamente castigados, de la misma manera que no había espacio para contemplaciones ni consideraciones especiales cuando se trataba de un robo de mayor cuantía, como el cometido por el padre Prats; ni siquiera su condición de prelado y las solicitaciones de la defensa intervinieron a la hora de dictar sentencia. El castigo debía ejecutarse como estaba previsto en el artículo 28 de la ley de hurtos sancionada el 23 de mayo de 1836.

También llama la atención que María Antonia Bolívar, víctima principal del cuantioso robo, se hubiese mantenido totalmente al margen del episodio habiendo ocurrido en el mes de agosto, poco tiempo después del sonado robo de los 10.000 pesos y a escasos días de que saliera el anuncio en la *Gaceta de Venezuela* ofreciendo 2.000 pesos de recompensa a quien encontrase al ladrón del tesoro. En este caso, María Antonia no mostró la más mínima preocupación, no declaró, no se presentó personalmente a verificar el inventario cuando se abrió el baúl en presencia del padre Diepa, prefirió más bien enviar a un familiar; no armó alharaca ni escándalo. Todo lo contrario a lo que fue su interés y desempeño en la causa contra José Ignacio Padrón.

ENTRE SIRVIENTES, PULPEROS Y DEPENDIENTES

En la primera comunicación de María Antonia, enviada el 8 de septiembre al alcalde de Catedral, se anexa una lista de las personas que podían ser llamadas a declarar en relación con el robo, la condición, calidad y andanzas de José Ignacio Padrón. Esta primera lista se ve ampliada en su última correspondencia del 22 de septiembre.

Los testigos de María Antonia Bolívar son gente común: sus sirvientes, vecinos de la casa, dependientes de los negocios cercanos, albañiles que habían sido contratados por ella para algún trabajo, amigos o personas que podían dar cuenta de aspectos relacionados con el suceso.

Varios de los testigos confirman la versión de María Antonia y afirman que José Ignacio Padrón fue el ladrón de los 10.000 pesos, para lo cual añaden algunos detalles cuya finalidad es demostrar o ratificar sus presunciones. Otro grupo declara fundamentalmente sobre los gastos hechos por Padrón en los últimos meses; la finalidad es comprobar que Padrón, tal como afirmaba María Antonia en su última misiva al tribunal, hacía gastos que no se correspondían con su «miserable suerte y ninguna fortuna». Por último, están aquellos cuyo testimonio es requerido a fin de que certifiquen o dejen constancia sobre la certeza o falsedad de algunas pruebas o evidencias presentadas por la parte acusadora ante el tribunal.

Siervos de la señora Bolívar

El mismo día de la denuncia es llamado a declarar Francisco Bolívar, mayor de veintiún años y siervo de la señora María Antonia Bolívar. Al ser interrogado por el juez respecto a lo que sabía sobre lo sucedido el 19 de abril de 1836, respondió que ese día, como a las seis de la tarde, llegó José Ignacio Padrón a casa de su señora solicitando con mucho interés si esta se había ido ya para su casa del Empedrado y si el señor Pablo Secundino Clemente, su hijo, había llegado ya del Tuy. Se encontraba con él, cuidando la casa, José de Jesús, esclavo de la señora Bolívar. Padrón les preguntó entonces si ellos también se iban para el Empedrado.

La señora Bolívar ya se fue al Empedrado, fue su respuesta, y el señor Pablo Secundino, su amo, todavía no había llegado. Su persona y José de Jesús saldrían para el Empedrado para estar allá en la hora de la oración, según se los ordenó su ama, la señora Bolívar.

Al día siguiente supo por Juan Alemán, dependiente de la panadería, y por el oficial de la velería de la esquina, que el señor Padrón había estado toda esa noche paseándose cerca de la casa de su ama, lo que también habían observado por muchas noches antes.

Pocos días antes del robo, el señor Padrón le dio en la puerta de su casa un papel para que se lo entregara a su ama. La respuesta de la señora Bolívar fue: «dígale a Padrón que no tengo dinero para prestarle» y así se lo comunicó. Este le contestó que su ama era una canalla y que le iba a hacer una y buena.

Por todos estos hechos, el siervo Francisco estaba persuadido de que Padrón era el autor del robo hecho a su ama la noche del día expresado, que lo expuesto era lo que sabía, y la verdad como había ofrecido. No firmó su declaración porque no sabía leer ni escribir.

Unos días después, también declaró José de Jesús Bolívar, el otro esclavo de María Antonia. En su respuesta se limitó a manifestar que lo dicho por su consiervo Francisco era exacto en todas sus partes. Tampoco firmó por no saberlo hacer.

Hacendado y pulpero

Francisco Bigott, hacendado y dueño a medias de una pulpería cerca de la esquina de Sociedad, manifestó que en el mes de abril, en una noche de comedia, salió con el señor Crisanto Bermúdez, sin acordarse exactamente del día y, caminando hacia las canastillas, como a las doce de la noche, al pasar por la casa de la señora María Antonia Bolívar, observó junto a la puerta a un hombre encapotado con una espada; fijándose bien reconoció a José Ignacio Padrón. Recordó también que ese mismo mes estuvo en su casa repetidas veces el mismo Padrón proponiéndole la compra de su casa por seiscientos pesos. En esa oportunidad, sonando las monedas en su bolsillo, le manifestó que si le convenía el negocio, le daba el dinero en ese momento.

Regresó a su casa Padrón nuevamente, ofreciéndole por su casa los mismos seiscientos pesos y un caballo rucio por el cual había pagado 200 pesos. En esta ocasión, tampoco aceptó la oferta. Le propuso entonces Padrón comprarle un solar de su propiedad, localizado en la calle San Juan. Empeñado el comprador en el negocio e insistiéndole llegasen a un acuerdo, por fin accedió a vendérselo en ciento sesenta pesos, los cuales se comprometió a pagar el día de la firma. No obstante, cuando estuvo lista la escritura, Padrón trató de rescindir el contrato, al enterarse de que Bigott había sido llamado por la señora Bolívar por el asunto del robo.

Bigott se presentó ante el juez para exigir el cumplimiento del contrato. Finalmente se hizo la venta por el monto acordado, entregando el comprador 40 pesos en efectivo y una mula por valor de 120 pesos.

Al concluir su declaración afirmó estar al tanto, por los comentarios escuchados en el vecindario, de las compras que había hecho Padrón por objetos de mucho valor, cuando siempre se le había visto y conocido en estado de pobreza, sin ocupación que le produjera ni aun la subsistencia. Todo ello le hacía creer que «… no ha podido ser otro que el señor José Ignacio Padrón, el autor del hurto cometido a la Señora Bolívar en el mes de abril último». Lo expuesto es lo que sabe sobre el particular y la verdad por su juramento, que es mayor de edad y firma.

Tendero del vecindario

Crisanto Bermúdez, compañero de Bigott la noche de comedia, dijo en su declaración que cinco o seis meses atrás, cuando bajaba de su tienda para su casa en la esquina del Chorro como a las seis y media de la noche, al pasar por la casa de la señora María Antonia Bolívar, observó en la puerta a un hombre encapotado en ademán de ver por el agujero de la llave; en ese momento no pudo identificarlo. Como a los quince o veinte días, saliendo de la comedia con el señor Francisco Bigott, pasó nuevamente por la casa de la señora Bolívar y vieron ambos al mismo encapotado y acercándose reconoció al señor José Ignacio Padrón. Por tercera vez vio Bermúdez a Padrón pocos días después, en el mismo lugar, con el mismo traje y en la misma posición, asomado por el agujero de la llave. Recordaba que las dos últimas veces que lo vio había sido en el pasado mes de abril.

Cuando supo del robo hecho a la señora Bolívar por una gran cantidad de dinero, se acercó a su hijo, el señor Pablo Secundino Clemente, para informarle sobre las veces que vio a José Ignacio Padrón oteando por el ojo de la cerradura, confirmándole estar seguro de haber sido el mismo Padrón el autor del robo; más aún por el hecho de que Padrón había sido dependiente en la casa de la señora Bolívar y estaba instruido de las interioridades de esta, y porque hacía poco tiempo lo habían despedido.

Lo que más robustece su creencia –concluye Bermúdez– es el estado de pobreza en que siempre vio reducido a Padrón, viéndolo ahora públicamente comprando cosas de mucho valor, como son dos mulas de silla buenas, de las cuales una le ha costado doscientos y pico de pesos; un caballo de silla bueno, casa, solar, un reloj de oro muy famoso, criadas, una posada con adornos de lujo y una sortija de diamante de mucho valor, según se le ha dicho. Lo expuesto es lo que sabe sobre el particular y la verdad por su juramento y firma.

Dependiente en la panadería

La tarde del 19 de abril, según testificó Juan Alemán, se encontraba en la puerta de la panadería donde trabaja. Desde allí, entre las seis y seis y media de la tarde, vio al señor José Ignacio Padrón acercarse a la puerta de la casa de la señora Bolívar, donde estaba su criado Francisco, y oyó que le preguntó si su Señora se había ido ya al Empedrado y si él se iba también, y habiéndole contestado afirmativamente, se retiró.

Esa misma noche, después de trancada la puerta de la señora Bolívar, observó a Padrón rondando la casa con una espada y encapotado. Llegada la hora de cerrar la panadería, no lo vio más en aquella noche. Al día siguiente le manifestó el criado Francisco los sucesos de la noche anterior.

Poco tiempo después, se encontraba en la posada del señor Valarino y oyó a Padrón proponerle la compra de unas mesas, varias copas, frascos de cristales y otros utensilios para posadas. Como llegó la hora de irse, no supo si llegaron a un acuerdo. Posteriormente, vio establecer a Padrón una posada con bastante lujo y ha sabido de varias cosas de valor adquiridas por el mismo sujeto, como son: mulas, sillas de caballo, muebles de casa y un solar.

Termina Alemán su declaración con las siguientes palabras: «Todos estos gastos comparados a la pobreza de que he conoci-

do al Señor Padrón, y el hecho de acechar la casa de la señora
Bolívar, en la noche del 19 de abril, en la que tuvo lugar el hurto, me inducen a creer que el señor Padrón haya sido su autor,
mucho más si se atiende a la publicidad con que esto se asegura».
Lo expuesto es verdad por su juramento y firma.

Vecinos de Padrón

José Bruno Odaly, vecino de Padrón, expuso estar en conocimiento del robo hecho a la señora María Antonia Bolívar el
pasado mes de abril último. Por lo que ha oído y se dice, cree
que el autor del hurto fue José Ignacio Padrón. Varias consideraciones lo llevan a esta conclusión.

Padrón le alquiló a su padre, el señor Carlos Odaly, las piezas contiguas a la zapatería y le adelantó siete meses de alquiler
a razón de veinte pesos cada una; en el mismo momento realizó
el pago con cinco onzas de oro mexicanas y cuarenta pesos en
fuertes franceses. Hace como dos semanas –continuó Odaly– fue
a conversar con su vecino y observó que tenía en su poder una
bolsa grande como de dinero; está persuadido de ello porque le
vio en la mano tres o cuatro onzas mexicanas que sacó de la bolsa
en su presencia. El domingo pasado se encontraba en la posada
de Padrón y al poco rato entró este y sacó del cajón del botiquín
gran cantidad de dinero en fuertes y toda moneda, y después
extrajo del bolsillo de la chaqueta un bojote en un papel donde
había como cincuenta o sesenta monedas de oro de diez reales. Todo este dinero lo colocó sobre el mostrador del botiquín.
Odaly, sorprendido, le preguntó dónde había conseguido aquellas
monedas por lo escasas que estaban y Padrón le respondió: «…
son por encargo de algunos amigos para un bautismo».

Para concluir, declaró haber visto a Padrón comprar una
mula en trescientos pesos, un reloj en doscientos pesos, unas
famosas espuelas de plata, una escopeta de cazar superior, muebles

para su casa de lujo y costo, una buena guitarra y un par de pistolas. Todo lo expuesto lo compara el declarante con el estado de escasez en que antes lo vio y lo persuaden de que dicho Padrón haya podido ser el autor del hurto.

José María Vargas, tendero, del mismo vecindario, sabe por ser voz pública que a la señora Bolívar le robaron en el mes de abril una considerable cantidad de pesos, como también que el señor José Ignacio Padrón fue el autor del hurto. Desde su tierna edad conoce a Padrón y siempre lo ha visto destituido de bienes de fortuna y sin una ocupación conocida que le proporcionara la subsistencia; no obstante, de un tiempo para acá se ha mudado del Empedrado, donde vivía. Piensa que sí pudo ser Padrón el ladrón de los 10.000 pesos.

Testimonios desencontrados

Un solo desacuerdo hubo entre las declaraciones solicitadas por la parte acusadora. El alcalde primero de la parroquia San Pablo, José Luis Moreno, asentó que durante el mes de junio la señora Ramona Aguirre demandó a José Ignacio Padrón por el incumplimiento de un contrato del cual, finalmente, lograron arreglarse. Cuando salieron del Tribunal, Moreno oyó a la señora Aguirre decirle a Padrón «… no le tengo miedo a los diez mil pesos que le robaste a la señora María Antonia Bolívar».

Se le solicitó declaración a la señora Ramona Aguirre, quien se presentó ante el juez y declaró estar en conocimiento del robo hecho a la señora Bolívar; sin embargo, no sabe ni ha oído decir quién fue su autor. Respecto a la declaración del señor alcalde de San Pablo, aunque es secreta, debe aclarar que no fue exactamente esa la expresión que utilizó. Cuando salió del tribunal, sus palabras a Padrón fueron que si él creía que ella le tenía miedo al caudal de la Bolívar, estaba muy equivocado.

Hasta aquí, a excepción del último testimonio, todas las declaraciones consideran a José Ignacio Padrón como el autor del robo. Una parte importante de los testigos dice que lo vieron rondando el lugar de los hechos la noche del 19 de abril y la mayoría afirma que, antes del hurto, jamás lo conocieron ni lo vieron con tantos recursos, sino todo lo contrario; era más bien un joven sin oficio conocido y sin mayores caudales.

Los gastos de Padrón

En la instrucción adelantada por el juez, resulta de entidad certificar la certeza de los gastos en los cuales se dice ha incurrido el acusado. Igualmente importa determinar si, efectivamente, José Ignacio Padrón poseía una importante cantidad de dinero que permitiera considerarlo sospechoso del robo. Con ese fin son llamados a declarar varios testigos.

Pedro Lovera, de oficio comerciante, dejó testimonio de haberle vendido a José Ignacio Padrón, ocho días atrás, una mula negra por la cual recibió la cantidad de doscientos pesos en tres o cuatro onzas de oro colombianas y el resto en pesos fuertes franceses.

Luis Guinán, relojero de la ciudad, expuso que Padrón le pagó noventa pesos por un reloj de oro horizontal con muestra de plata y de repetición; para ello le hizo entrega de cuatro onzas de oro mexicanas y ocho fuertes franceses.

Jacinta Trujillo dijo que, en el mes de junio, se presentó José Ignacio Padrón en su casa para proponerle la compra de una criada y le ofreció por ella doscientos pesos, sacando del bolsillo unas onzas de oro. Le ofreció entregarle la cantidad completa ese mismo día si convenían en el negocio. No aceptó su oferta porque la criada valía trescientos pesos y no la vendería por menos de doscientos cincuenta. No llegaron a ningún acuerdo.

Otro de los declarantes fue el coronel Carlos Núñez. De acuerdo con lo expuesto por Núñez, cinco o seis meses atrás estaba tratando de vender una casa de su propiedad y se le presentó

José Ignacio Padrón ofreciéndole mil pesos. Como Núñez rechazó su oferta, Padrón le propuso alquilársela por seis meses, a razón de ocho pesos mensuales, los cuales le pagaría por adelantado y así lo hizo, entregándole cuarenta y ocho pesos en tres onzas de oro mexicanas por seis meses contados desde mayo último, devolviéndole Núñez doce pesos en plata.

José María Escobar, al preguntársele sobre la conducta de Padrón en los últimos meses, manifestó que, el mes anterior, había pasado por la posada de Padrón a tomar un vaso de fresco y, al momento de despacharlo, observó que tenía en la mano dos onzas de oro españolas; le solicitó que se las cambiara y este accedió. A los pocos días volvió a la posada y le pidió que le cambiase ocho onzas más de oro, a fin de enviarlas para afuera. Padrón se las cambió y le entregó la mayor parte en onzas españolas y las demás en monedas mexicanas.

A los testimonios ya referidos se suma el de Irene Aponte, una joven a quien María Antonia Bolívar le remite una esquela el 14 de septiembre de 1836 solicitándole que diga si José Ignacio Padrón le regaló o le prestó quinientos pesos en onzas de oro para comprar una casita. La respuesta de Irene fue afirmativa. Responde a la esquela, ese mismo día, confirmando que Padrón, en efecto, le regaló quinientos pesos en onzas de oro para comprar una casita. Estaba, pues, en la mejor disposición de declararlo si fuese requerida por el tribunal. Al ser llamada por el juez, confirmó ser cierta y de su puño y letra la esquela en la cual corroboró haber recibido de Padrón 500 pesos en onzas de oro.

A todas estas declaraciones sobre las erogaciones y desembolsos realizados por Padrón, añade María Antonia Bolívar un inventario pormenorizado de las compras y gastos efectuados por el sospechoso en los últimos meses. En su concepto, esta lista detallada de las compras y gastos realizados por el acusado contribuiría a demostrar que, efectivamente, era él quien se había llevado los 10.000 pesos.

El encargado de hacer la averiguación fue Juan Nepomuceno Miranda, un joven de veintitrés años, quien trabajaba para María Antonia haciéndole diligencias, por lo cual recibía un pago acorde con la importancia de cada encargo.

De acuerdo con la lista elaborada por Miranda, las compras realizadas por Padrón con sus respectivos precios fueron las siguientes:

Un criadito manumiso, setenta y siete pesos	77 pesos
Un caballo amarillo, cincuenta pesos	50
Una silla de montar, veintiséis pesos	26
Un toro y cuatro vacas, cincuenta y cinco pesos	55
Una vaca, catorce pesos	14
Dos vacas, treinta y ocho pesos	38
Una vaca con dos terneros, treinta pesos	30
Una silla de montar con un freno, treinta pesos	30
Ocho libras de carey, quince pesos	120
Tres libras de carey, dieciséis y medio pesos	49
Una criadita manumisa, ciento veinte pesos	120
Una docena de sillas, veintiocho pesos	28
Un canapé, quince pesos	15
Una mesa de caoba, catorce pesos	14
Un par de guardabrisas, siete pesos	7
Un aguamanil, cinco pesos cuatro reales	5,4 reales
Doce cuadros, dieciséis pesos	16
Una mesa para comer, siete pesos	7
Dos colchas de algodón, catorce pesos	14
Adelanto de alquileres, cuarenta y ocho pesos	48
Una levita y una casaca, cuarenta y cinco pesos con cuatro reales	45,4 reales
Una mula amarilla, cien pesos	100
Un cotón, 2 pesos	2

Suman los gastos   891,6

Con tres pares de botas   20
Por un calzón   18
Por doce camisas a tres pesos   36
Por una pieza de crea   26
Por seis camisones   15
Por un pañuelón raso   15
Por seis pañuelitos a dos reales   1
Por seis pares de zapatos dos de cuero para mamá   6
Por dos corbatas de seda   1
Por tres corbatas
Por diez pares de medias a dos y medio   3
Por tres sombreros   12
Por una frazada   10
Por un capote ya usado   15
Por lo gastado mensualmente en la comida
además de la leche de las vacas en diez meses   120

Suman los gastos 1.192 con 3 reales, lo que rebajamos de

Un solar   250
Un reloj de oro   90
Seis espejos
Dos pares de candeleros
Una mesa de billar   200
Un escaparate
Una espada con puño y conteras de plata
Un par de pistolas
Seis camisones para la madre
Una mula negra de silla   250
Cuatro mesas
Cortinas, clavos dorados, flecos, loza, toldos y demás etc., para la
posada y un par de espuelas de plata.

Con este inventario concluyen las pruebas de María Antonia Bolívar, cuya finalidad era demostrar la culpabilidad de José Ignacio Padrón. De acuerdo con su argumentación, la explicación de lo ocurrido estaba a la vista: si Padrón era conocido como un «mozo pobre y miserable», la única manera de justificar que hubiese podido gastar todo ese dinero en los últimos meses era concluyendo que se los había robado. No había otra posibilidad.

Evidencias materiales del robo

Las otras diligencias adelantadas por el tribunal, siguiendo lo establecido por la ley de hurtos, tuvieron como finalidad verificar, en el lugar de los hechos, el ingreso a la casa violentando trancas, puertas y ventanas, así como la destrucción de la caja o cofre en el cual se encontraban los diez mil pesos. El asunto era complicado, ya que el robo había ocurrido varios meses atrás; por tanto, no podía hacerse la averiguación tal como estaba previsto en la ley.

Los primeros en declarar fueron los albañiles: Valentín Cardoso y Francisco Barrios. El primero expuso que, el año anterior, había sido requerido por la señora Bolívar para trabajar en su casa del Empedrado a fin de reparar una de las ventanas de la calle uniéndoles dos balaustres que se hallaban separados. Al preguntarle a la señora cómo había ocurrido aquello, si el día anterior estaba en perfecto estado, esta le contestó que Ignacio Padrón había entrado por la ventana para robarle cuatro onzas de oro y un pañuelo que tenía sobre la mesa. En el caso de Francisco Barrios, declaró que acompañó a Valentín Cardoso a la casa de la señora Bolívar en el Empedrado y dicha señora le dijo que le habían falseado la ventana para robarle un dinero.

En relación con las evidencias físicas del robo, el procurador Luis Acosta se limitó a declarar que el 20 de abril estuvo de visita en la casa de la señora María Antonia Bolívar y ella le mostró la puerta por donde había entrado el ladrón y el cofre en donde decía que estaba el dinero, el cual se encontraba roto. Esto era todo lo que podía decir al respecto.

Sobre el mismo asunto compareció el señor Ramón Prin quien, según recuerda, pasados tres días del hurto, fue llamado por la señora Bolívar para que inspeccionara el cofre y el modo como había sido roto para sacar el dinero y pudo ver, efectivamente, el cofre roto por un lado. De acuerdo con lo dicho por la señora, el ladrón entró por una puerta interior del cuarto, el cual estaba asegurado por una tranca que quitaron metiendo por debajo un machete, dejando un raspón en el quicio. Hasta aquí el testimonio del señor Prin.

Tres últimos testigos son presentados por María Antonia Bolívar a fin de demostrar que, para esa fecha, tenía en su casa 10.000 pesos en onzas de oro.

El primero fue el señor Martín Echagarreta, agricultor de cincuenta y seis años. No estaba Echagarreta en conocimiento de la existencia del cofre donde tenía guardados los 10.000 pesos la señora Bolívar. Lo único que podía afirmar era que el año mil ochocientos treinta y tres al treinta y cuatro le entregó a la señora Bolívar una cantidad superior a los cincuenta mil pesos provenientes de la venta de su tercera parte en las minas de Aroa, la mayor parte en onzas de oro mexicanas, españolas y colombianas y muy poca en plata. Era todo cuanto tenía que decir.

La segunda declaración estuvo a cargo del coronel Manuel Blanco, de cuarenta años, de profesión militar, amigo cercano de la señora María Antonia Bolívar y sin ninguna relación con el señor José Ignacio Padrón. Se le preguntó si había visto un cofre de la señora Bolívar en donde tenía guardada la suma de diez mil pesos. En el mes de marzo, como a las once del día —respondió Blanco— entró a la casa de la señora Bolívar y vio sobre la mesa que está en la sala, al pie del retrato del Libertador, una gran cantidad de dinero en onzas de oro que, según le pareció, podría alcanzar y aun subir de diez mil pesos. Cuando supo del robo ocurrido en la casa de la señora Bolívar se dirigió allá y ella le mostró en la galería una caja de madera colorada, como de dos tercias cuadradas con una faja de metal encima, y le dijo que aquella era la caja donde tenía los diez mil pesos que le habían robado, lo que acreditó el declarante porque vio que efectivamente la caja estaba desarrajada y rota; y que no sabe más nada; que lo que ha declarado es la verdad en fuerza del juramento que ha prestado en que se afirma y ratifica y dirá de nuevo.

Finalmente rindió declaración el señor Juan Nepomuceno Miranda quien, como ya se dijo, le hacía diligencias a la señora María Antonia Bolívar a cambio de algunas monedas. Destacó que la señora Bolívar le mostró, ella misma, la caja o cofre roto y desarrajado diciéndole que allí tenía guardados los diez mil pesos que le habían robado; en el mes de marzo vio cuando dicha señora contaba sobre la mesa de la sala una gran cantidad de dinero en onzas que, a la vista y por de pronto, le pareció podían alcanzar la suma de seis o siete mil pesos; observó también colocados allí seis u ocho bustos del Libertador en medallas de oro. En esa oportunidad oyó decir a la señora Bolívar que iba a reservar aquel dinero para comprar una hacienda. Esto era todo cuanto tenía que decir sobre el particular.

La zamba Lorenza

Cuando María Antonia le escribió al Juez Rivas el 20 de septiembre, le hizo saber que había enviado a una zamba vieja de nombre Lorenza a revisar la casa de habitación de Padrón a ver si conseguía algunas onzas de oro, bustos de su hermano o cualquier otro objeto que sirviera de evidencia en la causa del robo. Como resultado de su pesquisa, Lorenza le entregó dos bustos de su hermano y una llave nueva que servía para entrar en su casa.

El juez, como ya se dijo, no admitió la carta ni las pruebas que le remitió María Antonia Bolívar a título personal; de manera que, pocos días después, esta remitió al tribunal una comunicación formal a la cual adjuntó la esquela que, en su momento, le envió al juez, informando el hallazgo de los bustos hecho por Lorenza y de la llave que permitía el acceso a su casa. Consideraba María Antonia de primera importancia para el esclarecimiento del robo la comparecencia de Lorenza, ya que su testimonio resultaba esencialísimo en la calificación del hurto.

La presencia y declaración de Lorenza en el tribunal resultó bastante complicada y comprometedora. Al momento de su llegada, minutos después de identificarse como María Lorenza González, sin que nadie le hubiese preguntado nada y sin haber prestado juramento, se adelantó a dar respuesta acerca de una llave y unos bustos robados por José Ignacio Padrón.

El juez, un tanto perplejo, quiso saber quién le había dicho que fuese al tribunal a declarar sobre bustos, llaves y el robo ejecutado por el señor José Ignacio Padrón y si tenía memoria de haber recibido la citación de manos del alguacil enviado por el tribunal.

Con gran dificultad y luego de varias conminaciones, María Lorenza contestó que fue la señora María Antonia Bolívar quien la citó para que fuese al tribunal y que ella misma le explicó que iba a declarar sobre la llave y los dos bustos del Libertador que encontró debajo del colchón de la cama de José Ignacio Padrón.

En medio de aquel embrollo, el juez requirió la presencia del alguacil a fin de que explicase cómo se había hecho la citación de María Lorenza González. Las palabras del alguacil fueron las siguientes:

> Fui a la casa de la señora María Antonia Bolívar a informarme dónde vivía una mujer llamada Lorenza para citarla por orden del tribunal. Le mostré la papeleta de citación a la señora Bolívar y ella me dijo

que se la dejase porque ella tenía facilidad para citarla y hacerla comparecer a la misma hora que se prevenía, sin que yo quedase mal en mi citación. En consecuencia le dejé la papeleta y media hora después volví para decirle que la citación tenía que hacerla yo mismo y no la señora Bolívar, ya que mis órdenes eran que la mujer Lorenza González firmara la boleta de citación y, si no se hacía así, tenía que citarla ante dos testigos. Le pedí entonces a la señora Bolívar que me dijese en qué casa vivía María Lorenza González. La señora Bolívar no quiso devolverme la papeleta y me insistió por dos o tres veces que era imposible que yo diese con la casa de María Lorenza porque estaba muy lejos y extraviada; en ningún momento me dijo cuál era la casa ni tampoco me dio las señas de la mujer, de manera que quedó ella encargada de hacer la citación.

Aclarado el enredo de la citación, dio inicio el juez al interrogatorio de María Lorenza González, la testigo «esencialísima» de María Antonia Bolívar, en su causa contra José Ignacio Padrón.

María Lorenza González era original de Turmero, tenía más de treinta años, no sabía exactamente en qué año había nacido, de manera que no podía precisar su edad. En las últimas dos semanas se encontraba viviendo en la calle de San Juan en la esquina de Jesús en la casa de la señora Juana Miranda, la madre de Juancho Miranda, el mismo Juan Nepomuceno que le hacía las diligencias a la señora María Antonia Bolívar. Vivía de moler maíz, como una cuartilla uno que otro día; también realizando algunos mandados para la casa, cargando agua y lavando ropa. Por estos servicios solo recibía a cambio la manutención, ya que no tenía paga asignada ni todavía le habían dado ninguna. Fue esclava de la señora María Josefa Higuera, la madre de José Ignacio Padrón, pero en el mes de abril pasado, la compró la señora María Teresa Landáez y se la llevó para Barquisimeto. Desde el mes de mayo era persona libre: el padre Rafael Pérez, cura de Barquisimeto, le prestó el dinero para pagar su libertad. A cambio, ella se comprometió a prestarle sus servicios hasta completar el monto de lo pagado.

Era, sin duda, una pobre mujer, esclava, sin recursos, que ni siquiera sabía con certeza cuál era su edad; pensaba que tenía más de treinta años; no obstante, es descrita como una zamba vieja, seguramente por el deterioro físico en el cual se encontraba producto de una vida ininterrumpida de trabajo desde que vino al mundo. ¿Qué podía importarle a María Lorenza su edad, si desde que nació no sabía lo que era ser libre? Además, ¿de qué clase de libertad estaba hablando si debía prestarle sus servicios al cura de Barquisimeto para pagarle el dinero que le prestó para comprar su libertad?

Esta pobre mujer, esclava, zamba y prematuramente envejecida fue interrogada implacablemente por el juez Rivas.

A la pregunta de si tenía alguna relación con la señora María Antonia Bolívar o algún motivo de enemistad, odio o rencor contra José Ignacio Padrón, contestó negativamente: no tenía relación de amistad ni parentesco con la señora Bolívar; tampoco era sierva ni doméstica de ella; respecto a Padrón, no le tenía ni odio ni rencor, pero sí sentimiento, porque la trató mal cuando fue su esclava.

Al ser interrogada acerca de si tenía noticias sobre el robo que le hicieron a la señora María Antonia Bolívar de diez mil pesos, e intimada para que dijese todo lo que supiera sobre el particular, contestó que la señora María Antonia Bolívar le encargó en el mes de abril, cuando vivía en el Empedrado, que registrara todos los trastes de sus amos —la señora María Josefa Higuera y su hijo Ignacio Padrón— y viese si encontraba unos bustos y alguna llave, ofreciéndole por ello una regalía. Revisada la casa, tal como se lo solicitó la señora Bolívar, debajo del colchón del joven Padrón encontró dos bustos de oro y una llave grande. Tanto los bustos como la llave se los entregó a la señora Bolívar ese mismo mes. Temerosa de ser castigada por sus dueños, decidió huir a la provincia de Barquisimeto, de donde finalmente se vino hace dos semanas.

Le presentó entonces el juez a María Lorenza una onza de oro colombiana y se la puso en sus manos para que la examinase con detenimiento y le dijese si era uno de los bustos que había encontrado debajo del colchón de su amo Padrón. Después de revisarlo con cuidado respondió: «este mismo es»; «esta misma es la cara que tenía».

Le previno el juez que lo viese con mucho cuidado y verificase si, en efecto, era uno de los bustos de Simón Bolívar. María Lorenza respondió nuevamente que sí, que esa pieza se correspondía con el busto conseguido en la casa de Padrón, cuando la revisó por orden de la señora Bolívar.

De seguidas le presentó el juez uno de los bustos entregados por la señora María Antonia Bolívar y le preguntó si aquel era el otro; y su respuesta fue que sí, que se trataba del otro busto.

Le requirió el juez que viese la diferencia entre las dos piezas que le había entregado: la onza de oro colombiana y el busto de Bolívar y, haciéndole ver cada pieza, la conminó a decir cuál de las dos era el busto. María Lorenza tomó una y otra vez en sus manos la onza de oro colombiana y el busto de Bolívar hasta que, finalmente, seleccionó el busto entregado por la señora Bolívar y manifestó que «… aquel retrato se parecía más a su amo Simón». Volteando la mirada sobre la onza de oro colombiana dijo inmediatamente que también le parecía ser uno de los bustos encontrados por ella en abril.

Insistió el juez, una vez más, para que dijese clara y debidamente cuál de los dos era el busto encontrado en la casa de Padrón. María Lorenza dudó: no sabía cuál de los dos era el busto; no había reparado en ello cuando los tomó debajo del colchón, por el susto que tenía de que la fuesen a descubrir.

El juez colocó los dos bustos de Bolívar y la onza de oro colombiana en las manos de María Lorenza para que le dijese cuáles eran los bustos. Su respuesta fue la misma: con el miedo y el susto no los había reparado bien; no podía decir ahora cuáles eran.

Enseguida le presentó el juez la llave vieja entregada por la señora Bolívar y le preguntó si era la misma llave que encontró debajo del colchón de Padrón. Su respuesta fue negativa. Aquella, sin duda, no era la llave; estaba negra y mohosa mientras que la otra era nueva y blanca. Antes de concluir su declaración presentó María Lorenza una mochila de coleto y dijo que era la misma en donde estaban guardados los bustos y la llave cuando los consiguió debajo del colchón.

Dicho esto, le fue leído el texto de su declaración, manifestó estar conforme y no firmó por no saber hacerlo.

Antes de retirarse se le hizo saber que no se ausentara ni se mudase de la casa de habitación en la cual se encontraba, mientras la instrucción de la causa se mantuviese en curso.

Llama la atención que ninguno de los testigos que asistieron al tribunal convocados por María Antonia Bolívar fueran personas de su misma condición social. No están allí sus familiares: su hermana Juana o Josefa Tinoco, la madre de los hijos de Juan Vicente Bolívar; ninguno de sus hijos: Valentina, Pablo Secundino o Anacleto, ni su yerno Gabriel Camacho; tampoco sus sobrinas Benigna o Felicia; ninguna de sus amigas: Gertrudis Toro, hermana del marqués del Toro; Vicenta Clemente, su concuñada, esposa de Lino Clemente; Belén Jerez y Aristeguieta, las Tovar, las Blanco, las Ibarra: ninguna está entre quienes se presentan para ser testigos de María Antonia en la causa contra Padrón. Nadie blanco y principal le acompaña en su querella contra aquel mozo pobre y miserable.

En la primera carta había colocado como posible testigo al general José Laurencio Silva, el marido de Felicia, su sobrina, y amigo estrecho de Simón Bolívar. El general Silva fue uno de los pocos que lo acompañó a Santa Marta y estuvo a su lado en el lecho de muerte. El general Silva tampoco rindió declaración. El único que al declarar se identifica como amigo de María Antonia es el general Manuel Blanco; todos los demás son gente del común: sirvientes, pulperos, dependientes, albañiles, tenderos o comerciantes.

ES UN BUEN HOMBRE PADRÓN

Concluida la instrucción del expediente con los testimonios de la parte acusadora, le corresponde a José Ignacio Padrón nombrar a su abogado defensor, a fin de dar respuesta a la denuncia y acusaciones adelantadas por María Antonia Bolívar.

El primer abogado seleccionado por el acusado fue Juan Bautista Carreño, graduado de doctor en Derecho Civil en la Universidad de Caracas el 25 de marzo de 1833. Carreño se excusó, ya que debía viajar a Ocumare para hacer la defensa de Antonio José Zamora, a quien se le acusaba de los delitos de incendio y fuerza.

Solicitó Padrón los oficios de José Sistiaga, un hombre mayor, maestro y doctor en Derecho Civil, quien había obtenido su primer título en 1814 y el segundo en 1823. Sistiaga tampoco aceptó el nombramiento: se encontraba delicado de salud con un «embarazo gástrico». Por indicación del médico, debía someterse a un tratamiento de purga en los días venideros y a una severa dieta. En consecuencia, no podía ocuparse del caso.

Intervino entonces María Josefa Higuera, la madre de José Ignacio Padrón, para solicitar ante el juez una prórroga en el nombramiento del abogado defensor, alegando los impedimentos expuestos por los abogados propuestos. Su petición era que le permitiesen esperar el regreso de Carreño de su viaje a Ocumare, para que se ocupara de defender a su hijo. El juez accedió. A su regreso, Juan Bautista Carreño se hizo cargo de la defensa de Padrón.

La primera diligencia adelantada por el doctor Carreño se llevó a cabo el 29 de septiembre. Para este momento, Padrón tenía veinte días en prisión. Lo fundamental de su petición fue exigir la excarcelación de su defendido, por no encontrar méritos suficientes en el sumario para la supresión de su libertad. También solicita información sobre todo lo obrado y que se suspendan las diligencias del caso.

En su comunicación ante el juez, dice Carreño textualmente lo siguiente:

> Está entendido de que el sumario no presta mérito para que su defendido continúe en prisión ni arresto, que la Señora María Antonia Bolívar ha manifestado al tribunal que no se hace acusadora, dejando se proceda solamente de oficio; que, sin embargo, se ha presentado la misma señora por escrito promoviendo diligencias contra el encausado, las cuales se han mandado a evacuar sin conocimiento del que expone ni de su defendido: que la causa está recibida a prueba; y que a dichas diligencias se les da el carácter de sumarios. Y que deseoso el exponente de cerciorarse de este dato para el desempeño de su encargo, pide al tribunal se sirva instruirle de lo obrado, con suspensión de todo paso y darles audiencia para hacer y fundar verbalmente, como la Ley se lo permite, la solicitud correspondiente en derecho, protestando desde ahora contra la prisión en que se ha puesto a su defendido y muy particularmente contra su continuación en ella después de lo expuesto, y contra toda diligencia que se practique a petición de la Señora Bolívar, o de oficio en el estado presente de la causa.

La petición de Carreño no tiene éxito; Padrón sigue preso y la causa continúa su curso. Dos días después, el 1.º de octubre, el abogado insiste en su exigencia de que se libere de la cárcel al acusado, por imputársele especiosamente el hurto de diez mil pesos. Tal solicitud, alega Carreño, se encontraba ajustada a la Constitución del Estado y a las leyes vigentes.

La respuesta del juez, por segunda vez, es negativa. En su criterio, el delito por el cual estaba sometido a prisión el señor José Ignacio Padrón, según las leyes de la República, merecía pena corporal. El mismo Padrón en sus declaraciones había admitido que entraba con frecuencia y a diferentes horas en la casa de la señora Bolívar, lo cual resultaba sospechoso y ofrecía indicios vehementes y muy fundados contra el acusado, a lo cual se agregaba la declaración de la testigo María Lorenza González, quien expuso que había encontrado, debajo del colchón de la cama de Padrón, dos bustos de oro del general Bolívar de los que fueron robados a la señora María Antonia Bolívar; también presentó la señora Bolívar una llave que abría la cerradura del cuarto donde tenía guardados los diez mil pesos. En consecuencia, y tomando en consideración la ley de juicios, el código de procedimiento y las penas establecidas en las causas de hurto, ajustándose a la ley del 23 de mayo del presente año, no podía admitir la petición del abogado.

Al día siguiente, Juan Bautista Carreño inicia una causa por injuria contra María Antonia Bolívar. Su propósito es demostrar que José Ignacio Padrón es un hombre honrado, que ha vivido honestamente de su trabajo como peinetero, que ha dispuesto de recursos suficientes para atender sus gastos y sus negocios mucho antes de que ocurriera el hurto y que numerosas personas pueden dar cuenta de que lo conocen como un hombre de bien.

No son pocos los testigos que se presentan ante el tribunal para declarar sobre la solvencia económica del acusado, su buena conducta y decente presencia, desde que se encontraba trabajando en la renta del tabaco y en los años posteriores.

Benito Rivero, talabartero, le vendió a Padrón el año de 1834 una silla de montar con sus fundas y otra similar al año siguiente. En las dos ocasiones, Padrón le pagó el monto completo.

Al sastre, J.B. Dabadie, le compró Padrón una levita de paño morado y un chaleco en 1835. Ese mismo año adquirió en su negocio una chaqueta morada y le entregó un paño azul para que le hiciera una levita. Siempre le pagó por su trabajo lo que le fue requerido.

María Ramona Izaguirre declaró que, a principios de 1836, Ignacio Padrón le alquiló una casa, le pagó por adelantado, le pidió que le hiciera de cenar y también pagó por la comida. Para ese momento pudo constatar que tenía varias onzas de oro y una partida de carey sin trabajar como de 200 pesos.

Ramón Ochoa también afirma conocer a Padrón como un hombre que hacía negocios. Al comenzar el año 1835, le ofreció comprarle una casa por 300 pesos y pudo ver que tenía 500 pesos en onzas de oro.

Nieves Hernández declaró que, en los primeros meses de ese mismo año, le guardó a José Ignacio Padrón 500 pesos en onzas de oro.

José Briceño, estudiante de cirugía, manifestó estar al tanto de que Padrón, a comienzos de 1836, tenía varias vacas pastando en el Jarillo en un terreno de su papá; sabía que se dedicaba a la fabricación de peinetas y que estaba en condiciones de hacer negocios porque disponía de dinero.

Tomás Durán, negociante, declaró haber reconocido unas vacas que le presentó Padrón. Esto fue a principios del año próximo pasado.

Tomás Antero, impresor, y Pedro José Yanes, negociante, conocían a Padrón y sabían que contaba con recursos. El primero, además de ser dueño de una de las más importantes imprentas de la Venezuela de entonces, era aficionado a los pájaros y le compró una partida de canarios en 1834; el segundo, ese mismo año, lo vio adquirir una partida de carey en La Guaira por 400 pesos; los dos aseguran conocerlo por su porte decente y su solvencia en los negocios.

Manuel Betancourt, de 21 años, vendía las peinetas de Padrón en su canastilla en el centro de la ciudad. Siempre le conoció como un hombre honrado.

Francisco González, hacendado, sabía que Padrón era pei-netero. En una ocasión, este se le presentó para consultarle sobre la compra de unas tierras y su recomendación fue que comprase más bien una pulpería, ya que Padrón no sabía trabajar la tierra; le mostró entonces Padrón sus manos para que las tocara y viese que era un hombre de trabajo; constató González que parecían de piedra y accedió entonces a arrendarle un pedazo de tierra, lo cual finalmente no se llevó a cabo. En aquel momento disponía Padrón de dinero, y había oído decir que era dueño de bestia de silla, vacas y esclavos.

Manuel María Izaguirre y José María Hernández, ambos del comercio de la ciudad, conocían a Padrón desde que estaba trabajando en la renta del tabaco. Siempre lo vieron con porte decente, haciendo negocios y destacándose por su buena conduc-ta. Izaguirre atestiguó que en 1835 vio a Padrón con un cajón de onzas de oro como de 500 pesos. En opinión de Hernández, se trataba de un «joven muy industrioso».

Juan Guzmán, carpintero, tenía tratos con Padrón desde que salió de su empleo en la renta del tabaco, en 1833. Desde esa fecha lo vio siempre con porte decente, con dinero y bestia de silla.

Manuel Landaeta, negociante de la ciudad, también cono-cía a Padrón desde que estaba empleado en el tabaco; desde esa época, afirma Landaeta, Padrón tenía bestia de silla, fabricaba peinetas, se vestía decentemente y disponía de dinero.

Francisco Anzola, alcalde de La Vega, declaró que Ignacio Padrón, de oficio peinetero, se mudó al Empedrado a principios del año próximo pasado y que desde esa fecha le conoció con bestia de silla, vacas y esclavos. Podía asegurar, igualmente, que tenía dinero con el cual hacía negocios, porque lo había visto.

Exactamente en los mismos términos declararon Miguel Riverol, hacendado, y Juan José Ascanio, negociante de ganados, ambos vecinos de la Vega. Ascanio añadió a su declaración que en varias ocasiones le cambió onzas de oro en su casa de comercio en el Empedrado; por tanto, podía afirmar que Padrón tenía dinero.

Declara también Magdalena Padrón, tía de José Ignacio, simplemente para dejar constancia del préstamo de 500 pesos que le hizo a su sobrino ese mismo año de 1836.

Más de veinte testigos presentó Carreño para demostrar la solvencia y buenas referencias de Padrón, conocido de todos por su trabajo, oficio decente, buen porte y laboriosidad. De esta manera le sale al paso a las afirmaciones hechas por María Antonia Bolívar cuando, en su comunicación al tribunal, manifestó que Padrón era un mozo pobre y miserable que ganaba de dos a tres reales y que, de la noche a la mañana, había comenzado a hacer gastos que no se correspondían con su miserable suerte y ninguna fortuna. Versión que, por lo demás, fue corroborada por varios de los testigos presentados por María Antonia.

Además de demostrar que Padrón era un hombre de bien, se ocupa Carreño de descalificar o poner en entredicho algunos de los testimonios de la parte acusadora, especialmente las declaraciones de Irene Aponte y de la zamba María Lorenza González. También solicitó la comparecencia de la mayoría de los testigos que rindieron declaración. Francisco Bigott, Crisanto Bermúdez, José María Vargas, Juan Alemán, Carlos Núñez, Juan Nepomuceno Miranda, los albañiles Valentín Cardoso y Francisco Barrios y Francisco Bolívar, esclavo de María Antonia, fueron requeridos por Carreño a fin de que corroborasen o confirmasen sus testimonios.

La comparecencia de Irene Aponte fue particularmente tensa y complicada, como lo fue en su momento la declaración de María Lorenza González. Irene Aponte era una mujer de 27 años, soltera, nacida en La Victoria. Vivía en una habitación en la casa de la señora Josefa Castaño y Mora y se ocupaba de hacer algunas costuras.

Irene, como se recordará, le confirmó a María Antonia Bolívar en una esquela de su puño y letra que José Ignacio Padrón le había regalado 500 pesos. Cuando el juez le solicitó su testimonio, afirmó que Padrón le entregó 500 pesos en oro colombiano «en clase de regalo». Fue citada al tribunal por el abogado Juan Bautista Carreño con el propósito de poner en evidencia la debilidad e inconsistencia de su testimonio.

He aquí las preguntas de Carreño y las respuestas de Irene:

—Ha dicho Ud. que no tiene ni ha tenido relaciones de amistad íntima con José Ignacio Padrón, y que este le ha regalado quinientos pesos en oro. ¿En virtud de qué le hizo semejante regalo?

—Yo pedí prestado a Padrón dichos quinientos pesos para comprar una casita; me los llevó y al ofrecerle yo que se los pagaría en menos de un año, me contestó que no era necesario, que bien pudiera servirme de ello.

—¿Qué motivos cree Ud. que tuvo José Ignacio Padrón para hacerle ese regalo que envuelve un servicio de mucha importancia?

Al hacer esta pregunta, creyó el juez conveniente advertir a Irene Aponte que si en su aclaración tenía que manifestar algunos hechos que no debían ser públicos, por motivos de decencia, el juez estaba autorizado para mandar a despejar la sala y hacer la sesión secreta. Ella manifestó que nada tenía que debiese reservarse y que bien podía seguir la sesión siempre pública. Acto seguido respondió:

—Yo no he sabido qué motivos tuviera, ni tampoco me lo manifestó.

Continuó el abogado el interrogatorio.

—¿Desde cuándo conoce a José Ignacio Padrón?

—Hace dos meses para tres meses.

—¿Cuánto tiempo después de que le conoció fue que le pidió prestados los quinientos pesos?

—Hace un mes que lo conocía.

—¿En qué día de qué mes y a qué hora recibió de Padrón los quinientos pesos?

–Es una cosa que no puedo responder porque no tengo reloj en mi casa; con decir que hace dos meses para tres que lo conocí tengo suficiente.

–¿Padrón llegó a decirle algo entre amores?

–No, señor.

–¿Dónde vio a Padrón por la primera vez?

–En casa de la Mora.

–¿A qué fue Padrón a casa de la Mora?

–Como conocido de ella fue allá y tuve conocimiento con él.

–¿Se acuerda de las veces que ha visto a Padrón en la casa de la Mora?

–Una vez nada más entró estando yo allí.

–¿En esa vez fue que Padrón le dio los quinientos pesos? ¿Dónde fue que se los dio?

–No fue en esa misma vez, sino en otra ocasión por la ventana.

–¿Quién había ofrecido a la declarante venderle una casita?

–Nadie, sino yo que pensé comprarla.

–¿Por qué se fijó en quinientos pesos para comprar una casita, si no tenía noticia de que alguna se vendiese por este precio?

–Como eso es muy factible, pude hacer la solicitud, sin que nadie ofreciere vendérmela.

–¿Cómo supo que Padrón podía prestarle quinientos pesos cuando ha dicho que no tenía ni tiene con él amistad íntima?

–Es verdad que no he tenido amistad íntima sino un convencimiento cariñoso adquirido en las cortas veces que iba a casa de la Mora, y le pedí los quinientos pesos porque sabía que estaba en casa de la señora María Antonia Bolívar y lo veía muy galán y compuesto, y que tenía una estancia y unas vacas, por cuya razón creí que pudiera prestarme y se los pedí.

–¿Cómo supo que Padrón iba a casa de la señora Bolívar, y desde cuándo no habla la declarante con la misma señora?

—No supe que iba para allá, pero sí que estaba de mayor-domo de la casa, y nunca he hablado con la señora Bolívar, pues ni la conozco.

—*¿Desde cuándo no ve a Padrón o desde cuándo no habla con él?*

—Yo, desde que lo metieron en la cárcel, no lo he visto más.

—*¿Quién le dijo que lo habían metido a la cárcel?*

—Las voces de la ciudad, porque eso fue público.

—*¿Sí sabe que alguno haya dicho que el hijo del actual embarazo de la declarante sea de Padrón?*

—Yo no estoy embarazada, pues si se pregunta por lo que aparece a la vista, lo que tengo es gordura.

—*¿Desde cuándo tiene el apellido de Aponte, si no tiene otro, ni es conocida por otro?*

—A mí me llaman la Bolívar, pero como no soy hija legítima, no me titulo por Bolívar sino por Aponte.

—*¿El Bolívar padre de la declarante era hermano o pariente del Libertador Bolívar y, si no, diga su nombre?*

—No señor; no era hermano ni pariente del Libertador y se llamaba José Manuel Bolívar.

—*¿De qué familia de Bolívares era su padre y si era hombre que tenía bienes de fortuna?*

—No sé, porque cuando yo nací no le conocí familia y era de La Victoria. Sí tenía bienes de fortuna, entre ellos unos criados y una bodega y cuatro casas.

—*¿Quién le habló a la declarante para que contestase a doña María Antonia Bolívar la carta sobre los quinientos pesos y si después de su contestación le han hablado sobre el particular y quién le ha hablado?*

—Nadie me ha hablado. Ella me escribió y yo le contesté y, como quedé a declarar por dicha carta, lo hice así cuando se me exigió. Después tampoco me ha hablado nadie sobre el particular.

—*¿Quién le dijo a la señora Bolívar que Padrón le había prestado dinero a la declarante? ¿Cuánto paga la declarante en la casa donde vive? ¿Alguna vez, de los quinientos pesos que dice le dio Padrón, ha tenido alguna cantidad en sus manos como suya o prestada? Diga cuánto ha sido la más grande.*

—En casa de la Mora yo no pago nada; tendré que pagar de hoy a mañana porque me voy a mudar; he tenido en mis manos otras cantidades mías y que he percibido por herencia, como cuatro criadas, animales en la sabana de Maracay y dos casas, de las cuales queda una que me pertenece con unos de los demás herederos; he tenido hasta novecientos pesos juntos en dinero.

—*Diga si tiene en su poder los quinientos pesos que dice le dio Padrón, puesto que no ha comprado la casa. ¿Dónde los tiene guardados, o si los ha gastado y en qué?*

—No señor, no los tengo y solo me han quedado cincuenta pesos, habiendo gastado lo demás en comer, en ropa y en el pago de unos reales que debía a la misma Mora, por dinero que me había prestado hasta la cantidad de doscientos pesos.

Concluido el interrogatorio de Irene Aponte, el abogado envió al señor Ricardo Blanco con dos testigos a la casa de la señora Josefa Castaño y Mora, a fin de corroborar las afirmaciones hechas por Irene durante su declaración.

Josefa Castaño era una mujer de más de cincuenta años. Se ocupaba de amasar pan, coser y planchar. No tenía amistad con Padrón; más bien enemistad. En una ocasión le fue entregada en depósito una esclava propiedad de Padrón de nombre Ramona, pero esta huyó de la casa y de allí vino el pleito con Padrón. Jamás le había prestado dinero alguno a Irene Aponte; sí le había regalado una que otra friolera; no tenía la más mínima idea del dinero que supuestamente le dio Padrón a Irene; nunca vio ese dinero, aunque ella sí se lo mencionó alguna vez.

Respecto a que José Ignacio Padrón hubiese estado en su casa, su negativa fue rotunda: «… nunca he tenido amistad con Padrón; al contrario, es mi enemigo, por lo cual jamás ha visitado mi casa». No obstante admitió que sí estuvo por la ventana de su casa en dos oportunidades: una vez para preguntar por la esclava depositada y la segunda cuando habló con Irene Aponte a través de la ventana.

A José Ignacio Padrón también se le solicitó declaración respecto a los 500 pesos que le había regalado a Irene Aponte. Su respuesta fue negativa; jamás le regaló esa cantidad a la mencionada Aponte. Era sencillamente imposible, porque no la conocía; ni siquiera la había oído nombrar. En palabras de Padrón, el testimonio de Irene Aponte era «… falso falsísimo: nunca he visto ni conocido a esa mujer. Yo desearía que el tribunal me la presentase para saber quién es».

El abogado defensor, después de escuchar las respuestas de Irene Aponte, la declaración de Padrón y el testimonio de Josefa Castaño y Mora, descalificó a la testigo y desestimó la credibilidad de sus respuestas. Estaba dispuesto a demostrar que Irene Aponte era una mujer pública, que se prestaba generalmente a complacer la sexualidad por insignificante dinero. Precisamente con el propósito de poner en entredicho el comportamiento y conducta moral de la testigo, le hizo la pregunta sobre el embarazo que, tanto su exterior, como los informes que tenía acerca de su proceder, le hicieron presumir. Sin embargo –continúa Carreño– sus contradicciones e inverosimilitudes son tan evidentes que resulta innecesario ahondar en el asunto; no era necesario insistir en la conducta moral de la Aponte. Lo dicho por Josefa Castaño y Mora, además, no hacía sino corroborar la falsedad de su testimonio.

Aquí resulta pertinente hacer un breve comentario respecto a las consideraciones de Carreño sobre Irene Aponte. Era una práctica bastante común, como recurso para la descalificación de una mujer, poner en entredicho su honestidad, a fin de cuestionar la credibilidad de su testimonio. Bastaba con decir que el comportamiento público de una mujer despertaba sospechas, que su liviandad era visible, que no guardaba el recato y juicio que se esperaba de alguien de su sexo, en dos platos: decir o insinuar que se trataba de una mujer callejera, de una puta, para que su declaración fuese puesta en entredicho o descartada, sin más, por poco fiable, tal como hizo Carreño en sus consideraciones sobre la testigo Aponte.

Numerosísimos casos similares pueden verse en nuestros archivos. Voy a citar apenas dos episodios trabajados por mí con anterioridad, que permiten dar cuenta de este proceder, ampliamente utilizado en los juicios y causas civiles en los cuales está en juego el honor femenino.

En las últimas décadas del siglo XVIII, en julio de 1787, la parda María de la Luz Baras demanda a José Eusebio González, esclavo de Juan José Mintegui, a fin de que le cumpla la promesa que le hizo de que se casaría con ella. El alegato de María de la Luz era el siguiente: se había entregado a José Eusebio, perdiendo la virginidad, el más preciado de los dones de una mujer, confiada en que se uniría a ella, por el resto de la vida, ante el altar. El episodio está analizado en extenso en el ensayo «Esclavo, pero en casta compañía», publicado en el libro *Quimeras de honor, amor y pecado en el siglo XVIII venezolano* que coordinó Elías Pino Iturrieta para la Editorial Planeta en 1994.

El recurso esencial utilizado por la defensa, para evitarle a José Eusebio el cumplimiento de su promesa matrimonial, fue poner en duda la honestidad de María de la Luz. El fundamento primordial del abogado fue argumentar que no era creíble, ni verosímil, que una mujer parda y libre como María de la Luz Baras, entregara su virginidad a un hombre de inferior calidad y condición, como lo era su defendido, el esclavo José Eusebio González; por tanto, la parda María de la Luz seguramente mentía y no era virgen nada, como decía en su denuncia.

Va más allá el defensor del esclavo. Desde su punto de vista, las mujeres, en general, proclamaban su castidad y honestidad para obtener por este medio sus propósitos, a pesar de la verdad. Esto era aún más ostensible cuando había boda de por medio, explicaba el abogado. Su finalidad era demostrar que María de la Luz mentía flagrantemente en relación con su castidad. Para ello se ocupa de reunir las evidencias y testimonios que diesen cuenta de su afirmación.

Los testigos que declaran a favor del esclavo refieren las acciones equívocas que caracterizan la conducta de María de la Luz, demostración elocuente de su liviandad, desenfreno y desvergüenza.

No es María de la Luz una mujer nada recatada ni recogida, manifiesta Ana Francisca González, mujer casada y del mismo vecindario. En su testimonio dice Ana Francisca: «siempre he conocido a María de la Luz cruzando calles; también sé que ha tenido torpezas con otros hombres y que ha copulado con un negro».

Otro vecino, Pedro Ravelo, moreno libre, certifica el mal comportamiento de la parda, entre otras cosas, porque sale a la calle y no se sabe a qué. Y, para rematar, Manuel Antonio Guzmán declara haberla visto sentada en las piernas de un hombre que en la actualidad es casado.

Lleva todas las de perder María de la Luz. Y, en efecto, así ocurre. El juez llega a la conclusión de que la parda mintió respecto a su castidad. Su denuncia, por tanto, no prospera. Decide liberar al esclavo de su promesa matrimonial y condena a María de la Luz a pagar las costas del juicio.

Otro caso es el de María Dominga Asez, una parda libre de 19 años que fue golpeada brutalmente por su esposo, Louis Sousa. El episodio sucedió en la quebrada de Gamboa el 8 de diciembre de 1796. El caso lo trabajo en mi libro *La palabra ignorada*, editado por la Fundación Empresas Polar en el año 2008.

María Dominga se dirige a los tribunales y denuncia a su marido. Su propósito es conseguir que lo sometan a prisión y le permitan separarse de él. Para ello inicia una causa de divorcio ante las autoridades eclesiásticas, única instancia que podía sancionar la separación perpetua de los cónyuges después de haber contraído matrimonio.

Entre los recursos que utiliza la defensa de Sousa para atenuar la terrible violencia con la cual este había castigado a su mujer, está el poner en entredicho la moral y el buen proceder de Dominga.

Solicita a varios testigos que declaren, primero, si Dominga recibía en su casa al pulpero Juan José Diepa y a otros hombres y, segundo, si el comportamiento de Dominga era escandaloso y no se correspondía con lo que se esperaba de una mujer casada, dejando ver su desobediencia ante las órdenes de su esposo.

Miguel de Ugueto, alcalde del barrio de la Santísima Trinidad, María Antonia Lozano y Ana Antonia Barrios, del mismo vecindario, exponen ante el juez que Dominga recibía al pulpero en su casa cuando no estaba su marido. María Antonia dice que Dominga lo peinaba y Ana Antonia que, además de recibir a Diepa, la había visto hablando en la puerta de su casa con José Gabriel Bolívar, moreno libre, causando escándalo en el barrio.

Si Dominga hubiese sido obediente y no hubiese quebrantado las órdenes de su marido de que no entrase hombre alguno a su casa, él no la hubiera tocado, concluye el alcalde Ugueto, parecer que es compartido por las otras dos testigos.

Sousa y su abogado van más allá y suman a su alegato la acusación de adulterio contra Dominga. La transgresora, por tanto, es Dominga, por violar el sagrado sacramento del matrimonio, y no Luis Sousa, por haber golpeado brutalmente a su mujer.

El fallo del juez se emite un año después de iniciada la causa. Se declara compurgado el delito de Sousa por el tiempo durante el cual permaneció en prisión y se le condena a seis meses de destierro en La Guaira. También ordena el juez que Dominga vuelva a hacer vida marital con su marido. Para tal fin, cita a los dos cónyuges con el propósito de amonestarlos y hacerles ver la necesidad en la que se encuentran de mantener la fidelidad y el respeto debido al Santo Sacramento del matrimonio.

En los dos casos está de por medio la valoración sobre el buen comportamiento que debe distinguir a una mujer: el recato, la buena conducta, la discreción; más aún cuando se está bajo la sujeción de su marido. Ello se corresponde con los principios, normas y valores existentes entonces respecto al pudor y la castidad femeninas. Desde la colonia se fijó entre nosotros el dictado establecido por la moral cristiana respecto a la conducta y el lugar de la mujer en sociedad, independientemente de su origen o condición social. Se esperaba de la mujer, no solamente obediencia al hombre sino, especialmente, contención, moderación y, sobre cualquier otra virtud, la castidad. Son elocuentes al respecto las precisiones y mandatos que, desde el siglo XVI, filósofos y teólogos fijaron sobre las cualidades que debían adornar a la mujer cristiana y cuyo sostenimiento se extiende hasta el siglo XIX e incluso hasta bastante avanzado el siglo XX. Compárese el mandato de Juan Luis Vives en su obra *Instrucción de la mujer cristiana*, publicada por primera vez en 1523, o el clásico texto de fray Luis de León, *La perfecta casada*, impreso en Salamanca en 1584, con el manual de Feliciano Montenegro y Colón *Lecciones de buena enseñanza moral*, del año 1841 o con el famoso y muy difundido *Manual de urbanidad y buenas maneras para uso de la juventud de ambos sexos*, escrito por Manuel María Carreño, cuya primera edición es de 1867. Compárase incluso con los contenidos de numerosos artículos aparecidos en la prensa venezolana a finales del siglo XIX y en las primeras décadas del XX, en donde se recomienda a las mujeres mantenerse alejadas de la plaza pública, obedientes a sus mayores o maridos y cuidadosas de las virtudes femeninas: castidad, laboriosidad, discreción, eubolia y comedimiento.

Este mismo discurso, esta misma manera de proceder, es la que se advierte en el alegato del abogado Carreño, pariente por lo demás de Manuel María Carreño, el autor del famoso manual de urbanidad. Irene Aponte es una mujer poco digna de crédito, una mujer de la calle, a lo que se suman las inconsistencias de sus respuestas. No era necesario insistir en lo primero, aunque lo que está a la vista no necesita anteojos. Quedan, pues, descartados la palabra y el testimonio de Irene.

Faltaba llamar, por segunda vez, a María Lorenza González, a fin de verificar su poco convincente testimonio. No hubo manera de que la esclava María Lorenza se presentara nuevamente a declarar. Ante la primera citación enviada por el tribunal, se excusó alegando que se encontraba enferma; se le mandó una nueva boleta de citación, pero María Lorenza no se presentó; en su lugar mandó a un muchacho para que dijese que seguía enferma. Con el mismo muchacho, el juez le mandó a decir de palabra que fuese inmediatamente y que si no comparecía la mandaría a poner en la cárcel.

El alguacil se presentó en la esquina de Jesús, donde vivía María Lorenza, para entregarle una nueva papeleta de citación por orden del juez. Pero María Lorenza no estaba allí. «Al regresar el muchacho con el recado del juez, agarró su petaca de ropa y se fue para El Consejo» respondió la señora Miranda, dueña de la casa. No sabía si su intención era irse para allá, pues ella era una mujer libre. La última noticia que tenía de su paradero era que se había pasado el día entero en Antímano, informó la señora Miranda al alguacil.

La zamba María Lorenza, como ya se vio, no respondió a las citaciones del tribunal. Después del mal rato que pasó en la primera oportunidad, prefirió agarrar su petaca de ropa y coger camino bien lejos, adonde no la pudiesen encontrar.

También se ocupó Carreño, como ya se dijo, de repreguntar a los otros testigos que declararon por la parte acusadora en la instrucción del expediente. De especial interés resultaba para el abogado defensor conocer los fundamentos en los que se basaban quienes afirmaron, de manera explícita y categórica, que Padrón era el ladrón.

Francisco Bigott, Crisanto Bermúdez y José María Vargas ratificaron el testimonio en los mismos términos que lo hicieron el día de su primera declaración. Repreguntado Vargas por el abogado defensor sobre cuándo supo del robo a la señora Bolívar y de quién lo oyó decir, añadió que no recordaba con exactitud la fecha y que lo supo por una criada llamada María Antonia, propiedad del señor Blas Martínez.

Carreño también le hizo algunas preguntas a Francisco Bigott para saber la fecha en que firmó la venta del solar que le compró Padrón; en qué momento y con qué motivo lo llamó la señora Bolívar y en qué fundamentaba su presunción respecto a ser Padrón el ladrón de los 10.000 pesos.

No recordaba Bigott la fecha de la firma, pero tenía en su poder un documento de Padrón otorgado por aquellos días. Fue en mayo cuando lo llamó la señora Bolívar para informarle que, estando en conocimiento de que Padrón pensaba comprarle un solar, observase en qué moneda se verificaba el pago, ya que tenía indicios de que Padrón era el autor del hurto que le habían hecho. Para concluir, insistió Bigott en lo dicho durante su primera citación:

> Juzga que Padrón haya sido el autor del robo porque así se decía por muchas personas con alguna publicidad, y también porque, atendido el estado de escasez del señor Padrón, a quien no conozco bienes, le veían y aún le decían que hacía desembolsos de dinero de alguna consideración, según lo dejó expresado; y, por último, porque sabía que este agenciaba los negocios de la señora Bolívar.

Juan Alemán, el dependiente de la panadería, también fue llamado por el defensor de Padrón. En esta segunda declaración, dijo Alemán que fue Francisco Bolívar, el criado de la señora Bolívar, quien le avisó para que fuese a declarar en el tribunal. Tuvo conocimiento del robo el 21 de abril, dos días después, porque se lo dijo Juan Nepomuceno Miranda, quien trabajaba para la señora Bolívar, ya que este se presentó en la panadería a fin de solicitarle que observara si se iban a gastar allí onzas mexicanas o fuertes.

Le preguntó el abogado a qué hora vio a Padrón rondando la casa de la señora Bolívar y este respondió que hasta las nueve de la noche, la hora de cierre de la panadería, y añadió que no conoció al acusado cuando fue dependiente de la señora Bolívar, pero después que salió de allí no sabía de qué se ocupaba, ni cuáles fuesen sus negocios, hasta que últimamente lo vio establecer una posada.

En esta oportunidad, Alemán no afirmó que Padrón hubiese sido el autor del robo, como sí lo había hecho en su primera declaración. Tampoco hizo comentarios sobre los gastos y lujos del acusado.

También ratificaron sus testimonios Carlos Núñez, Pedro Lovera, Manuel Blanco, José María Escobar y los dos albañiles: Vicente Cardoso y Francisco Barrios. Este último añadió a su testimonio que oyó decir a la Bolívar «… fue el pícaro de Padrón quien me robó».

Finalmente prestaron declaración Juan Nepomuceno Miranda, encargado de hacer las diligencias de la señora Bolívar, y Francisco Bolívar, su esclavo.

Miranda también confirmó, en todas sus partes, el contenido de su declaración. Repreguntó Carreño a Juan Nepomuceno Miranda:

Si cuando la Bolívar le dijo que le habían robado diez mil pesos, ya el declarante atendía los negocios de ella. Su respuesta fue positiva: ya se encontraba haciéndole diligencias a la citada señora Bolívar.

Siguió el abogado defensor: «¿cuánto tiempo después de que la Bolívar le comunicó el robo, le mostró al declarante la caja o cofre donde tenía las monedas de oro?». No se acordaba Miranda del día en que la señora Bolívar le mostró el cofre en cuestión.

Continuó Carreño el interrogatorio preguntando si la misma señora le encargó alguna diligencia sobre Padrón, después de que este fue encerrado en la cárcel; si sabía desde cuándo no tenía tratos Padrón con la señora Bolívar y, por último, si la señora Bolívar le había dicho quién fue el autor del robo de los 10.000 pesos.

No le encargó la señora diligencia alguna acerca de Padrón; ignora desde cuándo no trata la señora con el acusado. Respecto a la última pregunta: desde el principio la señora dijo que Padrón había sido el autor del robo.

Francisco también ratificó de principio a fin su testimonio. A las repreguntas hechas por el abogado, cuyo propósito era demostrar la cercanía y vínculos que unían a la señora Bolívar con Ignacio Padrón, Francisco Bolívar contestó negativamente: negó que su ama le enviase correspondencia a Padrón; negó que este entrara y saliera de la casa, luego de que dejó de trabajar como su dependiente; negó que de parte de su ama le hubiese entregado a Padrón, antes y después del robo, regalos y dinero; negó también que Padrón estuviese escondido en la hacienda de Macarao en los tiempos de las reformas. Bajo ningún concepto Francisco pondría en entredicho la versión de su ama.

Sin la menor duda, el recurso de mayor contundencia con el que cuenta la defensa para comprobar la inocencia de Padrón es demostrar que existía un vínculo afectivo entre María Antonia Bolívar y el acusado. Para ello cuenta con la palabra de José Ignacio Padrón y con las cartas que le escribió María Antonia, guardadas celosamente por él y entregadas al abogado para que fuesen exhibidas en el tribunal, como parte de su defensa a la hora de confirmar su inocencia.

UN CONVENIO PRIVADO ENTRE LOS DOS

Al día siguiente de encontrarse en la cárcel, José Ignacio Padrón es interrogado por el doctor José Julián Osío, juez primero de la parroquia Catedral, a fin de levantar el sumario que determinaría si había méritos para que fuese juzgado. En este primer interrogatorio se levanta la información básica del caso: nombre completo del sospechoso, edad, domicilio, oficio, relación con el lugar del robo y con la parte acusadora.

En su encuentro con Osío, Padrón deja claros tres puntos: primero, que él no se robó los 10.000 pesos; segundo, que sí conocía la casa y a la señora Bolívar porque había sido su dependiente; y tercero, que entre la señora Bolívar y él había un convenio privado, lo cual explicaba sus entradas y salidas de la casa donde ocurrió el hurto.

Con estos elementos se levanta el sumario y se remite al juez de primera instancia, el doctor Juan Jacinto Rivas, para que se encargue del caso. El juez de la causa no tenía 30 años, estudió en la Universidad de Caracas y se graduó en 1825 de bachiller en Artes y posteriormente de abogado.

El juez Rivas interroga a Padrón en dos oportunidades el 15 y el 22 de septiembre; sus preguntas son mucho más detalladas y precisas. El primer cuestionario del juez es bastante puntual; se trata de conocer los datos fundamentales del reo, su oficio, sus bienes, gastos, recursos y negocios. En el segundo, se procura indagar con más detalle acerca de la cercanía y el trato privado

existente entre el prisionero y la parte acusadora, así como abun-
dar sobre las declaraciones de los testigos cuyos testimonios daban
por sentado que Padrón era el ladrón. Se reproducen aquí los
dos interrogatorios:

Interrogatorio del 15 de septiembre

—¿Cuál es su nombre?
        —José Ignacio Padrón.
—¿Qué edad tiene usted?
        —Veintidós años.
—¿Cuál es su vecindario?
        —Esta ciudad de Caracas.
—¿Cuál es su profesión?
        —Peinetero y últimamente posadero.
—¿Conoce usted a la señora María Antonia Bolívar?
        —Sí, señor.
—¿Ha sido empleado en su casa?
        —Sí, señor: he sido por cuatro meses agente de sus negocios.
*—¿Tiene usted noticias de algún robo que le hayan hecho a dicha
María Antonia Bolívar?*
        —Ella misma me encargó por medio de una carta que obser-
vase en las casas de juego si se jugaban onzas, porque le habían
robado su dinero.
—¿Tiene usted noticias de quién haya sido el autor del robo?
        —No tengo ninguna.
*—¿Cuánto tiempo hace que salió del servicio de doña María Anto-
nia Bolívar?*
        —Habrá poco más o menos de año y tres meses.
—¿Con qué motivo salió usted de allá?
        —Por un convenio privado que hice con ella.
*—Mientras estuvo usted de agente de sus negocios, ¿Tuvo ella alguna
queja de usted por desempeñar usted mal sus obligaciones?*

—No, señor.

—*¿No ha tenido usted después que intervenir en sus negocios?*

—No, señor, a excepción de algunos pequeños encargos que me ha hecho una que otra vez.

—*¿Ha entrado usted con frecuencia a la casa de dicha señora en el año y tres meses últimos?*

—Sí, señor.

—*¿Con qué objeto ha entrado usted allá?*

—Por relaciones privadas que he tenido con dicha señora Bolívar.

—*¿Qué días y a qué horas ha entrado usted en la casa de la señora María Antonia Bolívar?*

—De los días no me acuerdo, pero he entrado a las horas de comer, a las oraciones y a las nueve o diez de la noche o más tarde.

—*¿Con conocimiento de quién entraba en la casa de dicha señora?*

—Con el de ella misma y de algunos de sus criados.

—*¿Qué bienes de fortuna tiene usted?*

—Los adquiridos por mi trabajo personal, como una posada, una mula de silla y algunas otras prendecitas. También un solar, un criadito, un reloj y mis trastos de uso.

—*¿Heredó usted algo de sus padres?*

—No, señor.

—*¿Tiene usted alguna cantidad de dinero efectivo?*

—Sí, señor: una pequeña cantidad que debe constar en el inventario formado por el tribunal y que serán treinta o cuarenta pesos.

—*¿Antes de ahora no ha tenido usted alguna gran cantidad de dinero en efectivo?*

—He tenido hasta ochocientos pesos.

—*¿En qué época tuvo usted estos ochocientos pesos?*

—Hará un año, poco más o menos.

—*¿Cómo adquirió usted este dinero?*

—Con mi trabajo de peinetería y algún dinero que la Señora Bolívar me ha regalado.

—*¿Qué destino le ha dado usted a ese dinero?*

—Puse con él una posada y he comprado todo lo demás que tengo, con agregación de unos quinientos pesos que me ha prestado una señora, como lo manifestaré a su tiempo.

—*¿Recuerda usted qué cantidad le ha dado la señora María Antonia Bolívar?*

—Entre bestias, algunas vacas y dinero efectivo me ha regalado como mil cuatrocientos o mil quinientos pesos.

—*¿Cuántas vacas y cuántas mulas le regaló dicha señora?*

—Una mula y seis vacas con cuatro becerros.

—*¿De quién hubo usted el solar que dice que tiene?*

—Del señor Francisco Bigott, por cambio de una mula y veinte pesos.

—*¿Fue esta la mula que le regaló la señora Bolívar?*

—No, señor; la que ella me regaló se la vendí a ella misma en ciento veinte pesos, con cuyo dinero compré esa otra que le di a Bigott, quedándome veinte pesos.

—*La mula que tiene usted actualmente, ¿de quién la hubo?*

—Del señor Pedro Lovera, a quien la compré en doscientos diez pesos.

—*¿Cómo adquirió usted doscientos diez pesos?*

—Con el valor de un caballo que le vendí en ochenta pesos al señor Crispín Suárez, el de dos vacas que también vendí, y con parte de lo que me ha producido mi posada en mes y siete días que ha estado abierta.

—*¿A qué cantidad alcanzaron los alquileres de la casa que usted adelantó?*

—A ciento veintinueve pesos cuatro reales, que resultan a razón de dieciocho y medio pesos al mes.

—*¿De dónde hubo usted este dinero?*

—Del capital con que establecí la posada.

–*¿Cuánto gastó usted en el establecimiento de la posada?*

–No sé, señor, porque no llevé cuentas.

–*¿Y qué capital fue ese con que estableció usted la posada?*

–Los ochocientos pesos de que hice mención arriba y los otros quinientos que me prestaron, y unos licores y unos treinta y cinco pesos en moneditas de oro en que vendí seis vacas al señor Miguel Rodríguez.

–*¿Hasta qué cantidad ha tenido usted en moneditas de oro?*

–Nada más que esos treinta y cinco pesos.

–*¿Hasta cuántas vacas ha llegado usted a tener?*

–He llegado a tener hasta veinte vacas.

–*Fuera de las vacas que le regaló a usted la señora Bolívar, ¿con que adquirió usted las otras?*

–Por diferentes negocios que he hecho con aquel mismo capital, y cuyos valores he vuelto a reembolsar, pues hoy no tengo ninguna.

–*¿Con qué adquirió usted el reloj que tenía?*

–Con noventa pesos que saqué de mi capital.

–*¿Ha hecho usted alguna vez proposiciones sobre compra de casas y a qué individuos?*

–Sí, señor; he hecho proposiciones al señor Francisco Bigott, al señor Ramón Ochoa y no me acuerdo de a qué otras personas.

–*¿No hizo usted igual proposición al señor Carlos Núñez?*

–Sí, señor.

–*¿En qué tiempo hizo usted estas proposiciones?*

–Al señor Núñez las hice ahora cuatro meses, y a los demás señores poco más o menos el mismo tiempo.

–*¿Cuáles fueron las proposiciones que usted hizo?*

–Al señor Bigott le ofrecí, por su casa, cuatrocientos pesos y un caballo rucio; y al señor Núñez le hice una indicación de mil pesos, según hago memoria.

–*¿No mostró usted a Bigott y a Núñez el dinero o les hizo la indicación de que lo llevaba en el bolsillo?*

–No, señor.

–¿Con qué dinero pensaba usted pagar a Bigott o a Núñez?

–A Bigott, con el mismo capital de que he hecho mención; y a Núñez, aunque podía recibir toda la cantidad de mil pesos, no medité sobre ello, pues se los ofrecí solo por estar convencido de que no la daría en ese precio. Así fue que cuando supe que él quería entrar en el negocio, le dije que ya había tomado otra.

–¿Hizo usted proposiciones al señor Valarino sobre la compra de su posada o de algunos muebles?

–No, señor: él mismo, con motivo de haber ido yo a tomarle unas sillas, me propuso le tomase su posada, y yo le contesté que «yo pensaba muy bajo» y le compré docena y media de sillas, a razón de veinte pesos la docena. Igualmente, le compré un juego de bolas de billar en doce a catorce pesos.

Interrogatorio del 20 de septiembre

En su declaración del quince de este mes dijo usted que la señora Bolívar le había regalado a usted, en diferentes ocasiones, poco más o menos por el valor de mil quinientos pesos. Diga usted de qué manera le ha dado ella a usted este dinero y por conducto de quién.

–Ella misma personalmente me ha dado dinero y algunas prendecitas y también por conducto de algunos criados suyos; tales son una daguita, una espada, un relicarito dorado con su cadenita; un relicarito de plata, un busto del general Bolívar, un cepillo, cinco pañuelos de batista, algunos ya usados; un cuadrito con dos enamorados que por el reverso tiene de letra de la misma señora María Antonia Bolívar estas palabras: «De padrón»; una camisa, seis libritos en pasta, dos cadenas doradas y unos botones que actualmente tengo puestos en la camisa. Advierto también que, de los libros mencionados, dos de ellos tienen de la letra de la misma señora Bolívar las palabras: «De padrón». Con un criado me mandó una mula de cuelga el día de mi santo y las vacas las fui a buscar yo mismo con una orden de ella a casa del señor Camacho en San Mateo.

—En este sumario hay contra usted varios cargos de los que resultan que usted ha sido el que ha robado a la señora Bolívar los diez mil pesos. ¿Cómo niega usted, pues, el hecho, cuando los esclavos Francisco y José de Jesús Bolívar declaran que el día diecinueve de abril en la tarde estuvo usted a informarse si la señora Bolívar o su hijo Secundino estaban en la casa y si ellos dormirían esa noche en ella, y estando de acuerdo con esta declaración la de Juan Alemán, quien además asegura que en esa misma noche observó que usted rondaba la casa armado con una espada y encapotado?

—Yo recuso las declaraciones de los dos siervos de la señora Bolívar, porque no pueden declarar en favor de su ama; y en cuanto a la de Juan Alemán, digo que un día, no habiendo ido yo a casa de la señora Bolívar a la hora convenida entre ella y yo, sin acordarme del día que fue, pasé a la seis de la tarde y encontré en la puerta a su criado José de Jesús, que salía con mi burro, y le pregunté si su ama estaba en la casa, a lo que me contestó que ya se había ido para el Empedrado, y entonces yo me fui. Es falso que en esa noche a que me refiero haya estado yo encapotado rondando la casa.

—¿Ha estado usted alguna otra noche encapotado y armado alrededor de la casa de la señora Bolívar?

—Sí, señor. He estado muchísimas noches esperando la ocasión de que no hubiese mucha gente para entrar a su casa, según tenía convenido con ella. Y para dar tiempo a esto, me paraba ya en la esquina, ya en su misma puerta, o me paseaba por la calle; entraba algunas veces a la botica inglesa del Señor Maclong y pedía permiso a su dependiente para escribir algunos papeles, que de allí mismo dirigía a la señora Bolívar por medio de sus criados; lo que presenciaba el dicho dependiente cuyo nombre es Geraldo Vigo.

El secretario le leyó las declaraciones de Francisco Bigott y Crisanto Bermúdez y le preguntó sobre lo que allí decía.

—Estos señores y otros me verían muchas noches rondando la casa de la señora Bolívar porque, como tengo dicho, con frecuencia estaba allí aguardando la ocasión de entrar.

—José María Vargas, Francisco Bigott, Bruno Odaly, Crisanto Bermúdez afirman que fue usted el autor del robo a la señora Bolívar porque lo han visto gastar cantidades que no tenía.

—Si esos señores creen que yo haya robado, solo por haber gastado algunas cantidades, yo he probado que siempre he trabajado y no me ha faltado de qué disponer.

Se le leyeron las declaraciones de los albañiles Valentín Cardoso y Francisco Barrios y se le preguntó sobre lo que allí decía.

—Es cierto que separé, con un palo que me dio la señora Bolívar, los balaustres de la ventana, porque ella misma me dijo que lo hiciera así, para no tener que abrir la puerta del zaguán y no hicieran bulla los perros. Si hubiera sido para robarla, ¿por qué no se presentó entonces contra mí? Advierto ahora al tribunal que lo que ella dice que le han robado es dinero; pues habiendo manifestado yo circunstanciadamente los regalos en prendas que ella me ha hecho, puede tomar de aquí un pretexto para decir que también son robadas.

Esta es la palabra de Padrón: niega rotundamente ser el autor del hurto y desmiente a quienes afirman que, antes de la fecha del robo, no disponía de recursos: siempre ha trabajado y ha tenido de qué vivir.

Sin embargo, la pieza fuerte del interrogatorio, el dato fundamental de la causa, la clave esencial del episodio, es la confesión de José Ignacio Padrón sobre la existencia de un convenio privado entre la señora María Antonia Bolívar y su persona. El joven Padrón, peinetero y posadero, de 22 años, había mantenido una relación personal, íntima, privada y secreta durante varios meses con la señora Bolívar, de 57 años, dueña de la casa de la esquina de Sociedad, viuda, blanca, criolla y principal, propietaria de una considerable fortuna y, además, hermana mayor de Simón Bolívar, el Libertador.

Una declaración como esta no podía hacerse en el aire, sin fundamentos. No era suficiente afirmar, delante del juez, que tuvo una relación afectiva con la señora María Antonia Bolívar; tenía que demostrarlo de manera irrefutable; debía presentar algún tipo de prueba lo suficientemente contundente que no dejase el menor asomo de dudas y Padrón la tenía: en su poder estaban las cartas privada escritas de su puño y letra por María Antonia Bolívar a su persona. De su lectura podía desprenderse que, efectivamente, hubo entre ellos bastante cercanía.

José Ignacio Padrón entrega a su abogado la totalidad de las cartas que conserva en su poder para que sirvan de evidencia en la causa que se le sigue por ladrón. Todas son incorporadas al expediente.

Estas cartas son las que, en su momento, mencionó Robert Ker Porter en su diario al referirse al escándalo que suscitó el juicio en la ciudad de Caracas y son las que busqué con desesperación en el Archivo General de la Nación cuando escribía *La criolla principal*, sin ningún resultado. Pues aquí están, una por una, las cartas de María Antonia Bolívar a José Ignacio Padrón.

En su gran mayoría no tienen fecha y tampoco están firmadas. Por su contenido se puede establecer, de manera aproximada, la secuencia en la que fueron escritas y enviadas a Padrón, y también puede advertirse, con mucha facilidad, el distanciamiento que se produjo entre ellos, cómo sube el tono, el malestar, los reclamos de María Antonia, su molestia, rabia y desazón.

En las primeras nueve cartas, el trato es más bien amigable, cercano, solícito; le hace encargos, le ofrece ayuda económica, le recomienda mudarse del Empedrado, promete no fastidiarlo, le da consejos, explicaciones; hasta le consigue una casita para que se mude. Todas ellas, por su contenido, dejan ver que existía un ambiente de cordialidad y entendimiento entre los dos. A partir de la décima misiva, el tono y contenido cambian sustancialmente. Aparecen los reclamos, reproches, sinsabores, desengaños, los motivos de su disgusto, la ruptura, el desencanto, sus emociones, su deconsuelo.

Se transcriben a continuación, en ortografía actual, las cartas de María Antonia Bolívar a José Ignacio Padrón.

CARTA 5:

Mi amigo, gracias a Dios y a P. que me vuelvo a Caracas en perfecta tranquilidad, soy feliz para siempre, y no tema usted nada de mí. Jamás lo molestaré; y esté usted cierto que siempre que pueda lo serviré. El dinero para la pulpería se lo daría gustosa, si no temiera, que correría la misma suerte que todo lo que le he dado para su adelanto. Hágame las dos peinetas: una para Josefina, con su nombre y otra para Trinidad; mándemelas y avíseme su valor. Soy como siempre de usted servidora y muy feliz,

A.

CARTA 6:

P. Usted no me debe ningunos favores, pues todos están pagados con su carta de hoy.

Yo tengo un gran empeño en que usted se mude de aquí, porque ya no dejan pellejo en este Empedrado que no me hayan quitado con usted las Sorondos, doña Concepción, ahora las Giménez y la Álamo. Vea usted si tengo justo motivo para no querer que usted viva aquí. Le doy por el término de dos años diez pesos todos los meses, para que pague la casa, y aunque yo le dé esto, y cualquier otra cosa, no crea usted que es para obligarlo a que me trate. No hay nada de eso: somos libres para hacer cada uno lo que quiera sin agraviarnos. La mula se la daría sin paga alguna si Pablo no me la hubiera pedido. Ya no es mía. Yo soy siempre su amiga y lo protegeré siempre que lo crea en necesidad, pero no juegue porque eso me desconsuela mucho.

Dígame qué dice el letrero de la peineta y hágame dos más como esta pero más chicas y sin oro. Adiós, que me voy a la ciudad.

Avíseme lo que valgan las peinetas, que las necesito para el 20 de mayo.

Carta 7:

P. Necesito las dos peinetas para el 25 de mayo sin falta. Dígame si cuento con ellas; igualmente, si me compone el letrero de la mía, porque se lee claro. Es de Ignacio María, Antonia, Bolívar. Si no la compone no me la puedo poner, y además es una mentira que puso el que la hizo.

Carta 8:

Antes de ir a la comedia hablaré con usted a la oración sin falta y contestaré a la voz los dos papeles.

Carta 9:

Mi amigo, recibí su carta que trajo el correo y contesté y ahora digo que tengo ya conseguida la casa y tiene piezas, sala, dormitorio, 3 cuartos, caballeriza y cocina. Si usted la quiere, avise, y si no, para no tomarla. Esta la lleva el correo, con el mismo que puede contestar. Hasta ahora me [ileg.]. Estoy contenta y no trato sino de divertirme. Para el cinco de julio se preparan muchas cosas; veremos qué hay.

Soy de usted como siempre afecta servidora.

Por mano de Borges escribí a usted con el sobre a su madre.

Carta 10:

Avisé a usted tenía conseguida la casa, y solo espero su contestación para deliberar sobre ella. Aun mejórese, que si no ha de estar algún tiempo aquí, es excusado la casa, pues para pocos días es mejor no molestarse. Yo he comprado una muy bonita, con ánimo de permanecer algún tiempo aquí, pues me ha ido muy bien de salud y estoy contenta, lejos de cosas desagradables que mortifican demasiado mi espíritu. Conteste por este portador que es seguro, porque hay tres o cuatro que quieren tomar las llaves. Adiós.
Si su madre de V. viniese, le daré bestia ensillada y lo demás que necesite. Esta estaba escrita cuando recibí última.

Carta 11:

Gracias a Dios que has dicho una vez que agradeces. Te remito estos para el domingo. Voy a la G. porque es preciso y con ánimo de no volver aquí en mucho tiempo. Algunos se alegrarán, pero también yo me alegro. No he podido comprender cómo es que Benigna tiene el relicario. Quisiera alguna explicación si se puede dármela; ni la pagó por el solar ni es suyo el terreno. Mire que el diablo le arranca la lengua a los embusteros.

Carta 12:

Mil gracias por el papel; dígame lo que vale. Mándeme la carta de Ca. que me la ofreció. Supuesto que dan en 80 pesos a la criada, hagan la escritura a favor de doña Teresa Piñango, que vive en Barquisimeto, y del dinero rebajarán los costos que salgan de eso. Cuando vengan las vacas, avise para que las vayan a recibir. Búsqueme si puede 25 onzas por plata y dispense mis molestias. Adiós, que le dé mucha felicidad, como le deseo.

CARTA 13:

No tengo onzas de ninguna clase; por eso las busco donde puedo encontrarlas, y estoy ya formando un capital para cuando vuelva otro limpio a llevárselas que las encuentre listas, aunque no les daré lugar, porque antes me iré yo a disfrutarlas al Norte, y es el ánimo con que estoy solicitando dinero en oro, para verificarlo. Mil gracias por el papel. Sobre los criados, hagan ustedes lo que gusten. Cuando me mande la carta, mándeme también todos los papeles que tenga y así como la Trinidad ha desaparecido, desaparezca los demás por el tiempo ya se arriesgarlo todo [*sic*]. Solicíteme las onzas entre sus conocidos, mire que las necesito. Sírvame de algo, no sea egoísta. Para mañana o esta tarde tendrá la bestia.

CARTA 14:

P. Usted es desgraciado porque ha querido, ha preferido vivir en el Empedrado, a mi amistad. Usted mismo ha decretado repetidas veces, y con su espontánea voluntad, su desgracia y mi felicidad, que no había creído nunca conseguir, hasta que me he visto poseyéndola y disfrutando de mi antigua tranquilidad.

A nadie tiene V. que quejarse, sino a su ninguna reflexión y modo de obrar conmigo, la única que ha hecho sacrificios, de todos modos, solo por complacerle. A quién, a quién, al más raro de los maridos, P. Pero somos ya libres, libres, sin para siempre usted de mí y yo de usted. Le juro por lo más sagrado, que es la Santísima Trinidad, que jamás volveré a arrastrar las cadenas que diez meses soporté por usted.

Venda a Lorenza y compre otra criada; sé que está huida.

Páez viene de dictador. Barbarita puede hacerlo afortunado y feliz.

CARTA 15:

Ha salido de casa el mayordomo por la mentira y suposición que hizo. Me voy a componer mis casas; usted puede contar con lo que pueda servirle, no siendo dinero, porque al presente no lo tengo, pero lo tendré con el tiempo, primero Dios.

Tenga juicio y no se olvide del consejo que le di; yo no tengo ni ninguno no quiero. Cásese usted lo más pronto para que viva feliz. Adiós.

El año pasado era hoy su amada protectora, y este es su demonio.

CARTA 16:

Remito el pañuelo para que haga lo mismo que con la Trinidad. Cásese y a Dios le pido lo haga feliz y le dé el juicio que necesita, para que se case con una y no con doscientas, que tiene ya pedidas, pues de ese modo se hace la burla de todas. Tenga listo el papel para mañana. Hágame el favor de prestar su reloj; en el momento se lo vuelvo.

CARTA 17:

P. Remito a usted este pañuelo y camisa para que usted la admita y guarde como última demostración de mi amistad; y aunque sé que usted no quiere nada de mí, recíbala, pues ya de antemano la tenía preparada para usted. He sabido que hace 12 días que no habla usted a su madre. Compadézcase usted de esa infeliz mujer que le dio el ser y no la trate tan mal.

Tiranice usted a sus queridas, pero no a su pobre madre. Mire usted que Dios puede mandarle un castigo por el poco respeto, y ninguna consideración, con que la ve.

Mi Dios y mi redentor
En quien espero y confío
Por tu pasión, Jesús mío
Abrazarme con tu amor
y jamás vuelva a verme
en los brazos de P.

Fin de una amistad desgraciada.

CARTA 18:

Calavera, hoy me han dicho que la que vas a tomar por compañera es una mulata. Si necesitas de dinero para beneficiarlo avisa, para que no se demore la cosa; no le quites los becerros o las vacas.

Acabo de recibir carta en que me avisan que a tu zamba vieja la pasaron a Barquisimeto, y que se ha estado muriendo de piojos, pero que está ya buena y cobran 20 pesos de costos. Adiós [ileg.] solo si estás muy ocupado en tus negocios, no contestes ahora. Cómprame una resma de papel bueno y déjala allá que mandaré por ella mañana y te la pagaré; no vayas a comprar porquerías; que sea muy bueno sin cortar.

CARTA 19:

Servir para merecer
Ninguno lo consiguió,
Que aquel que más sirvió
Ese menos mereció.

La [roto] tiene peineta regalada y Candelaria, pañuelo. Yo no tengo no una flor, de memoria, y sí un sinnúmero de ingratitudes que conservar en mi memoria para siempre, y para su tierna experiencia, de ser libre y no sacrificarme por nadie.

Si gusta mándeme los papeles de anoche, copiados, y si no déjelos, que yo para borrones de quien sabe escribir no quiero papeles; si usted me convida para ir, a la ciudad, esta noche y más irme allá, no es necesario ir tan lejos; aquí lo puede hacer; que eso y mucho más merezco yo, por bestia. Adiós, seas feliz sin mí para siempre, para siempre.

Tener en mis manos estas cartas, por primera vez, después de haberlas buscado con insistencia y curiosidad, me despertó, por supuesto, una gran emoción y, al mismo tiempo, sentimientos encontrados. Son cartas personales que, en algún momento, escribió María Antonia con la intención de que fueran leídas exclusivamente por el destinatario a quien iban dirigidas. Independientemente de que no son particularmente comprometedoras respecto a la vida íntima que pudo haber existido entre los dos, son correspondencia privada de una mujer a un hombre con quien tuvo un trato amoroso. Sentí una especie de pudor al leer cada carta, cada esquela de su puño y letra, con sus trazos accidentados, su letra chorreada, sus palabras pegadas, su forma peculiar de escribir, y me dije: ¡¡¡estas cartas no son para mí, son para José Ignacio Padrón!!! Al mismo tiempo, me sentía invadida por un inmenso frenesí, una intensa excitación al poder corroborar, con las cartas en la mano, el más escandaloso rumor, el más insólito chisme existente sobre la vida afectiva de la criolla principal: María Antonia Bolívar tuvo un amante ya cincuentona con un chamo veinteañero... Ni más ni menos.

Me tranquilizó el hecho de que, al quedar incorporadas al expediente del juicio, en el mismo momento, todas estas cartas, dejaron de ser parte de un intercambio epistolar personal para convertirse en documentos públicos al servicio de la historia; por tanto, no estaba violando la correspondencia ni me estaba inmiscuyendo de manera furtiva en la vida afectiva de la pareja Bolívar-Padrón.

De la lectura queda clara una evidencia indiscutible y sin consecuencias mayores: José Ignacio Padrón fabricaba peinetas por encargo de María Antonia Bolívar, de manera que perfectamente pudieron haberse conocido por el oficio de peinetero que ejercía el joven Padrón.

Pero, mucho más allá de esta constatación, las cartas de María Antonia dejan ver que, efectivamente, existió entre ellos una relación estrecha, afectiva, comprometedora y seguramente muy complicada. En las primeras cartas se aprecia su trato directo, afable, cariñoso y mandón. Queda claro que había un intercambio epistolar frecuente entre los dos, aun cuando Padrón no habla ni una palabra de las cartas que él le envió a ella, en las cuales, con toda seguridad, están sus promesas y sus declaraciones afectivas hacia esa mujer, mucho mayor que él, con quien mantenía un convenio privado, en secreto, a hurtadillas, del cual, obviamente, se vio beneficiado en lo personal y en lo económico de manera especial.

Esto último es bastante transparente en las cartas. María Antonia le daba dinero a Padrón, le hacía regalos, incluso después de que se produjo el distanciamiento entre los dos. También que María Antonia estaba dispuesta a pagarle una casa durante dos años a razón de diez pesos mensuales. Del mismo modo, queda claro y transparente que Padrón se ocupaba de sus asuntos, que tenía la confianza de María Antonia para resolver las diligencias cotidianas. Como detalle curioso, resulta llamativo y decidor de las condiciones de la época la dificultad de conseguir buen papel y la escasez de monedas, encargos que con frecuencia le hacía María Antonia a José Ignacio.

Pero, sin la menor duda, las cartas que expresan con mayor contundencia la calidad y cercanía del trato privado existente entre los dos son aquellas en donde están los reproches, los reclamos

y la desazón de María Antonia; su pesadumbre por el distanciamiento y el desinterés de Padrón hacia ella; su despecho frente
al abandono y su rabia, el inmenso disgusto que le ocasionaba la
cercanía de Padrón con otras mujeres, que visitara a una, en particular, en el Empedrado, –de allí la insistencia en que se mudara
de allá y el interés del abogado Carreño en demostrarlo– y sobre
todo, que estuviese planeando casarse y, para mayor furia, que
fuese con una mulata… ¡Horror de los horrores!

En estos papeles escritos por María Antonia para enviár-
selos en secreto a Padrón, en sus versos cojos, cuando califica el
final de aquella relación como una «amistad desgraciada», cuando reconoce los diez meses continuos de tratos con Padrón, está
la confesión irrebatible, inconcusa, irrefutable, incontrovertible
de la existencia de un «convenio privado» entre su persona y el
hombre a quien había acusado de robarle 10.000 pesos de su casa.
Esta evidencia, sin duda, constituía elemento clave, complicado
y polémico en el tratamiento de la causa.

La defensa, por su parte, no se limita a hacer entrega de
todas estas cartas. También incorpora otras evidencias del mismo
cariz, a fin de reafirmar y corroborar, de manera incontestable,
el «convenio privado» entre la víctima del robo y el supuesto
ladrón. El abogado Carreño consigna en el tribunal un cuadrito que representa a dos amantes con una nota en el reverso que
dice: «De Padrón» y un librito titulado *El sitio de la Rochela*, con
la misma dedicatoria: «De Padrón», en los dos casos de puño y
letra de María Antonia Bolívar.

Tanto las cartas como el cuadrito, el librito y las dedicato-
rias eran prueba inapelable de la proximidad afectiva que unió a
la pareja Padrón-Bolívar por algún tiempo. Sin embargo, atento
a la posibilidad de que María Antonia pudiese negar la autoría
de las cartas y desmentir que ella le hubiera regalado el cuadro y
el librito a Padrón, el doctor Carreño se ocupa de probar que las
evidencias presentadas al tribunal son absolutamente legítimas.

Con ese fin llamó a declarar a varios abogados que conocían a la señora Bolívar; les hizo entrega de las cartas, del cuadrito, del librito y también de una comunicación escrita y firmada por María Antonia Bolívar en marzo de 1833, dirigida al síndico procurador, para denunciar la fuga de una esclava.

El licenciado Pedro Núñez de Cáceres, abogado de 36 años de edad, quien había sido apoderado de María Antonia pocos años atrás, cuando se dirimían los asuntos relativos a la herencia del Libertador, declaró que las cartas y los papeles que se le presentaron tenían una letra exactamente parecida a la carta dirigida al síndico procurador, y también se parecía a varias cartas recibidas por él de parte de María Antonia Bolívar, dándole instrucciones sobre los negocios en los cuales había asumido su defensa. No podía decir lo mismo de las palabras «De Padrón» escritas al revés de la lámina y en la obra *El sitio de la Rochela*, por ser dos palabra aisladas. Era todo cuanto tenía que decir al respecto.

Prestó declaración sobre el mismo asunto el licenciado Manuel Cerezo, abogado, de 37 años de edad. Consideró, al igual que Núñez de Cáceres, que la letra de las cartas era de la señora Bolívar, de la cual tenía conocimiento por otras cartas firmadas por la misma señora que el declarante tenía en su poder. Consideraba, así mismo, que la letra al reverso del cuadro y del libro también era de la señora Bolívar.

El último en presentarse fue Joaquín Pereira, de 25 años. Este último no era abogado; sin embargo, conocía a la señora Bolívar, ya que esta había visitado su tienda en más de una oportunidad y había recibido varios papeles de su puño y letra. Al ver el cuadrito recordó claramente la lámina, ya que el año pasado, a fines del mes de agosto, recibió a la señora Bolívar en su tienda; cuando le dio las láminas a la criada que la acompañaba, llegó a su tienda el señor Etanislao Blanco y vio que se las estaba entregando, aunque no pudo ver la figura; otros vecinos que se encontraban en la tienda también podían dar testimonio de lo dicho, especialmente el señor Félix Rodríguez, quien le vendió a Pereira las citadas láminas.

No cabía duda respecto a que las cartas habían sido escritas por María Antonia Bolívar y que su destinatario era José Ignacio Padrón, de la misma manera que era su letra la que se encontraba en el cuadrito y en los libritos.

Con estas evidencias en la mano, el doctor Carreño solicitó la comparecencia de María Antonia Bolívar ante el tribunal.

ES ABSOLUTAMENTE FALSO

El 2 de octubre de 1836, el abogado de Padrón solicita la comparecencia de María Antonia Bolívar y presenta el cuestionario que debe ser respondido por la parte acusadora. Dos días más tarde, el 4 de octubre, María Antonia se presenta en el tribunal a responder el interrogatorio del abogado defensor.

Había transcurrido casi un mes desde que María Antonia introdujo la denuncia; el tema era comidilla en el vecindario a partir de que se supo la noticia del robo de los 10.000 pesos. A estas alturas, el suceso tenía conmovida y movilizada a toda la ciudad; casi un centenar de testigos se habían presentado ante el tribunal por las dos partes: pulperos, panaderos, talabarteros, peineteros, dueños de canastillas, albañiles, hacendados, sirvientes, mujeres trabajadoras, comerciantes. Cada uno de ellos, sus familiares y allegados, con toda seguridad, comentaban lo sucedido. Un sinfín de curiosos presenciaron los interrogatorios; numerosos y desprevenidos vecinos vieron al alguacil de un sitio a otro repartiendo papeletas de citación. De forma tal que, en medio de aquella inusual agitación, cada quien se haría sus propias conjeturas.

No obstante, aquel día, los rumores y comentarios debieron alcanzar especial sonoridad. La comparecencia de María Antonia Bolívar al tribunal tenía que representar un acontecimiento excepcional, luego de todo lo que se decía y comentaba en la ciudad. De manera que, el 4 de octubre en la mañana, el juzgado de primera instancia de la parroquia Catedral, ubicado seguramente en un lugar modesto y sencillo, en una casita de la misma parroquia, no tenía espacio suficiente para la cantidad de mirones.

La protagonista, esa mañana, era María Antonia Bolívar. No había en la capital quien no supiese quién era María Antonia Bolívar. Y el que no la conocía, seguramente habría oído hablar de la hermana mayor del Libertador. Blanca, criolla, principal, de 57 años, natural de Caracas, viuda de don Pablo Clemente, madre de cuatro hijos, abuela de varios nietos, de considerable caudal; su casa de habitación estaba en la esquina de Sociedad; tenía hacienda y trapiche en Macarao, casa de descanso en el Empedrado, varias casas en La Guaira; eran suyos también el trapiche y la hacienda de San Mateo; tenía criados, dependientes, sirvientes, esclavos. Dos años atrás, en 1834, había cobrado una inmensa cantidad de dinero por la venta de las minas de Aroa a los ingleses, propiedad de Simón Bolívar, el más sustancioso de los bienes que heredaron sus familiares después de su fallecimiento.

Esa mujer, representación inequívoca de los mantuanos caraqueños, sería interrogada aquella mañana para dilucidar el caso del sustancioso robo de 10.000 pesos denunciado por ella misma, primero en un anuncio de prensa publicado en julio de ese año, y luego cuando se presentó el 8 de septiembre, ante el alcalde de la parroquia Catedral, para acusar directamente a José Ignacio Padrón como el autor del robo.

La defensa no está con rodeos. Juan Bautista Carreño va directo al grano: María Antonia Bolívar mintió cuando dijo que le habían robado 10.000 pesos; María Antonia Bolívar tenía una relación íntima con José Ignacio Padrón; María Antonia Bolívar inventó el robo para perjudicar a José Ignacio Padrón por celos y porque este ya no respondía a sus requerimientos amorosos. Ni más ni menos.

La interpelación de Carreño es *implacable*. María Antonia Bolívar se mantiene *imperturbable*. Durante todo el interrogatorio, de manera *enfática*, sin que le tiemble el pulso, sin titubeos, sin manifestar el menor síntoma de duda o preocupación, responde que todo cuanto dice o afirma el abogado defensor es absolutamente falso.

El interrogatorio se hizo siguiendo el escrito presentado por Carreño, interrumpido solamente por las repreguntas hechas por el mismo abogado, a medida que transcurría la declaración, o por el juez, cuando lo consideró necesario. De seguidas, línea a línea, aquí están las preguntas que se le hicieron a María Antonia Bolívar y cada una de sus respuestas.

Diga esta señora cómo es cierto:
1.- Que las cartas y recibo que acompaño en veinte hojas útiles son hechas las primeras de su puño y letra, y el segundo firmado también por usted del propio modo.
—Es falso que haya escrito y firmado tales cartas ni el recibo que se presenta.
2.- Que las palabras «De Padrón», que se hallan puestas a la espalda del cuadro y al primer frente blanco del tomo primero de la obrita titulada El sitio de la rochela *son compuestas de su puño y letra.*
—Es igualmente falso que son puestas de mi puño y letra las palabras «De Padrón», que se ven en el cuadro y libro que se presentan.
3.- Que el relicario dorado de la Trinidad, el busto dorado del general Bolívar y los tres botones de camisa de hombre que igualmente acompaño, los regaló usted misma al citado Padrón, en diferentes ocasiones, así como también algunas otras especies.
—Es falso también.
Repreguntó el abogado si el cuadro, libros, relicarios, bustos, botones que se le han presentado han sido suyos alguna vez.
—Ninguna de ellas ha sido suya.
—¿Tampoco han estado en su poder?
—No, señor.
4.- Que las cartas referidas las dirigió al mismo Padrón, fuera de la que aparece dirigida a la madre de este, en virtud de las relaciones

amorosas que entre el mismo Padrón y la que responde ya existían, habiendo tenido origen en las mismas relaciones la carta citada a la madre de dicho Padrón, en que se descubre resentimiento con este.

–Ninguna de dichas cartas han sido dirigidas por mí a José Ignacio Padrón.

5.- Que tales relaciones nacieron cuando estuvo Padrón de dependiente en la casa de la que responde, y que, habiéndolas notado algunos de la familia de ella, fue necesario ocurrir al disimulo, conviniendo la enunciada señora Bolívar con Padrón en que este dejase de tener el carácter de dependiente y excusara sus entradas en público a la casa, pero continuase siempre haciéndolas en privado.

–No es así.

6.- Que en consecuencia de este convenio, siguió entrando Padrón privadamente a la casa de la Bolívar para verse con ella, a diferentes horas del día y de la noche, aguardando y aprovechando las ocasiones que en semejantes casos se aguardan y aprovechan.

–No, señor.

7.- Que los regalos mencionados, así como también los de varias cantidades de dinero, que alcanzarían a mil y quinientos pesos, los hizo la señora Bolívar a su defendido en medio y en virtud de las relaciones dichas.

–No, señor; solamente le he prestado trescientos pesos y seis vacas con cuatro becerros.

Repreguntó el abogado si no ha regalado nunca a Padrón algún dinero u otra especie.

–No, señor.

Si tampoco le ha vendido a Padrón vacas o bestias o alguna otra especie.

–Sí le vendí una mula y nada más.

8.- Que Padrón entró de noche por la ventana de la casa que la señora Bolívar tiene por el Empedrado, a verse con ella, apartando los balaustres de la ventana con un palo que le había dado al intento la misma señora, que tramó este modo para evitar entonces el ruido que pudiese ocasionar la entrada por la puerta a deshoras de la noche.

–No, señor, pues mi casa está toda abierta y sin cerca.

9.- Que las expresadas relaciones amorosas continuaron después de que la señora Bolívar esparció la voz de que le habían robado diez mil pesos, en términos que de La Guaira escribió a Padrón las dos últimas cartas de las acompañadas, a fines de junio o principios del julio último; habiendo seguido después de su regreso a esta ciudad en sus alternativas con Padrón, de amistad y de resentimiento, hasta que por último cesó del todo la correspondencia.

–Es falso todo.

Repreguntó el abogado desde cuándo se acabó la amistad de la señora Bolívar con Padrón, desde cuándo cesan sus comunicaciones con él y desde cuándo no habla con él mismo.

–Nunca he tenido amistad particular con Padrón; tampoco he tenido comunicación nunca con él y no hablo con él habrá como ocho o diez meses.

10.- Que el principio de sus disgustos con Padrón fue la indiferencia con que este empezaba a tratarla, habiendo pasado los mismos disgustos a fuerte pasión de celos, porque Padrón visitaba algunas casas de señoritas, muy particularmente la de una.

–No, señor; yo ignoro eso.

Repreguntó el abogado si sabe que Padrón haya hecho algún regalo a alguna mujer y si alguna vez le ha dicho a Padrón algo sobre el particular por escrito o de palabra.

–No señor. Solo he sabido después de que está preso que le regaló quinientos pesos a la señora Irene Aponte, a quien yo no he conocido hasta ahora y jamás he dicho nada sobre el particular a Padrón por escrito ni de palabra.

–¿Quién le dijo a la señora Bolívar lo del regalo a Irene Aponte?

–Su compañera, Josefa Mora.

–Diga en qué es compañera la Mora de la Aponte.

–Oí decir que vivían juntas.

–¿Con qué motivo dijo la Mora a la señora Bolívar que Padrón había regalado a Irene, si esta ha hablado personalmente con la que responde sobre el particular o sobre otros asuntos?

–Con motivo de que estaba preso me lo dio como aviso, y la Irene no ha hablado conmigo sobre el particular, ni sobre otro asunto.

11.- Diga cómo es cierto que a veces enfocaba la pasión dicha, procurando que Padrón la viera como al principio, y a veces desahogaba la misma pasión, tratando ásperamente a mi defendido, como no deja de advertirse todo en las cartas acompañadas.

–Todo es falso.

Repreguntó el defensor cuál fue la certificación de médico que dijo a Padrón haber pagado según la carta del folio 16 y 17 que se le leyó.

El texto de la certificación leída a María Antonia fue el siguiente:

Al Sr. Francisco Jiménez

Caracas 13 de septiembre de 1836

Muy Señor mío: sírvase usted decirme a continuación de esta si es cierto que en el año pasado, poco después de las reformas, le habló la señora María Antonia Bolívar para que me reconociese y me diese una certificación que acreditase mi utilidad para el servicio de las armas, y si es cierto que, habiéndome U. reconocido y estando efectivamente enfermo, me dio la dicha certificación y me dijo que ya estaba pagado el derecho por la misma Sra. Bolívar.

Dispense Ud. mi importunidad y sírvase contestar esta pregunta con ingenuidad a S.S.

José Ignacio Padrón

Al pie la respuesta:

Muy Señor mío, es muy cierto cuanto usted me pregunta en la suya.
B.S.M.

Juan José Jiménez

–Ignoro, eso.
Si nunca ha hablado o pagado a algún médico para que reconociese
a Padrón.
–No señor.
12.- Que perdida por ella la esperanza de componer a Padrón,
como ella misma le decía, no fue ya dueña de sus acciones y abrigó
el proyecto, que ha puesto en ejecución, de perseguirlo judicialmente,
atribuyéndole por venganza, y para ver si se componía, el hurto de
10.000 pesos, que ya tenía publicado, y no previniendo las graves
consecuencias de semejante imputación y de los demás pasos falsos
que ha dado y está dando para sostenerla a todo trance, entre otros
varias declaraciones del sumario.
–Yo soy incapaz de suponer una cosa como esa, con ninguna persona y mucho menos contra ese infeliz.
13.- Que no ha tenido tales diez mil pesos juntos en el mes de abril,
siendo por consiguiente falso que se los hayan robado; y diga los
motivos que ha tenido para suponer este robo.
–He tenido mucho más de 10.000 pesos en el mes de abril,
adquiridos de las minas de Aroa, que se vendieron en 250.000
pesos y a mí solo me tocaron más de cincuenta mil. Los motivos que he tenido para decir que me han robado son que efectivamente me robaron y he creído que fue el ladrón José Ignacio
Padrón, porque el diecinueve de abril estuve en mi casa de la
esquina de la Sociedad, conté mi dinero, vi mis alhajas y estaba
todo completo, y a las cinco de la tarde me volví para mi casa
del Empedrado. En el tránsito me encontré a Padrón, que subía
para la ciudad. Al día siguiente vine yo otra vez a mi casa de la

esquina de la Sociedad y encontré que ya me habían hecho el robo de los diez mil pesos, abriendo la puerta que cae al patio, la que solamente tenía puesta una tranca pequeña de palo, pero no tenía la llave echada, advirtiendo que la otra puerta que cae al corredor sí tenía la llave echada y no la tocaron para nada. Luego advertí que rompieron la caja donde tenía mi saco de coleta con los diez mil pesos y diez bustos de Bolívar de oro grande, y que me los habían robado. Pregunté a mis criados si ellos habían sido o quién había estado en mi casa, y me contestaron que solo el señor Padrón había estado a las siete de la noche a preguntar por mí y por Pablo mi hijo, y si los criados dormían esa noche allí y dónde dejaban la llave de la puerta, y le contestaron que yo me había ido para el Empedrado, que Pablo estaba en el Tuy y que ellos se iban a la misma casa del Empedrado y se llevaban la llave. Temiendo que fuese falsa esta relación de mis criados, los castigué con cadenas en las que los tuve algún tiempo, y ellos siempre persistieron en que era Padrón. A consecuencia de esto, llamé a Padrón a mi casa y le manifesté los indicios que tenía para creer que él había sido el ladrón, proponiéndole darle mil pesos y una casa siempre que me entregara mi dinero. Me contestó que siempre que yo le viera ganar mil pesos, el habrá sido el ladrón y que le dieron cuatro balazos, confesándome que era cierto que había ido a mi casa el diecinueve de abril en la noche y había hablado con mis criados.

Repreguntó el abogado que manifestase si Padrón le dijo a qué había ido a la casa.

—No me dijo a qué había ido, ni yo le pregunté.

Mejor acordada expresó que había ido a preguntar por ella y por su hijo Pablo.

—Por estas razones y porque después vi que Padrón gastaba grandes cantidades de dinero, habiendo establecido una posada que, según me han manifestado los que la embargaron, puede alcanzar en valor a setecientos pesos y teniendo además estos bienes, no dudé creer que pudiera ser del ladrón.

Repreguntó el defensor si la señora Bolívar no ha escrito nunca a Padrón desde que le conoce.

—No le he escrito nunca, sino cuando le cobré los trescientos pesos que me debe.

Vuelta a preguntar sobre lo mismo por el defensor contestó:

—No hago memoria de haber escrito otra vez.

14.- Que aunque el recibo de ciento veinte pesos, que va acompañado, expresa el valor de seis vacas y cuatro becerros, ella regaló a Padrón estos animales y solo hizo tal documento para asegurarle, y no dar a entender que le regalaba; lo mismo que sucedió con una mula que se refería en la mitad superior de la misma hoja del recibo, pues había regalado también a Padrón aquella bestia, expresando en dicha mitad que falta haber recibido su importe, cuyo recibo reparó luego que ella volvió a tomar la mula, dándole a Padrón un valor en dinero para quedar bien en su casa la enunciada señora en cuanto a la misma mula.

—Todo lo que se refiere en esta pregunta es falso.

15.- Que Padrón no conserva una multitud de cartas de ella, porque ella misma se las pedía de cuanto en cuanto, ofreciéndole y dándole en efecto, para inclinarlo disimuladamente a la devolución, cantidades de pesos.

—Es falso todo.

16.- Que no solamente se veía a solas con Padrón en su casa del centro de esta ciudad, sino también en la que tiene por el Empedrado, en su hacienda de Macarao, y en algunas otras partes, que puede expresar si quisiera.

—Ya he dicho que es falso todo.

17.- Que ha propuesto a Padrón, después de estar preso, que le haga cesión de cuanto tiene, quedándose absolutamente sin nada, y ella entonces procurará que no siga la causa, prometiéndose con esto que Padrón vuelva a su trato y no pueda obsequiar a nadie, como que sabe que ella lo protegerá en tal caso.

—Es falso.

18.- Que después de preso Padrón, se acercó a ella la madre de este, a ver si evitaba la necesidad de ciertas pruebas, según los cargos hechos, procurando se diese un corte en el asunto; y la señora Bolívar contestó; entre otras cosas, que no se trataba de amores, que Padrón era muy insultante: que lo dejase unos días en la cárcel y que no dijera él que ella le había dado nada y saldría bien.

—Es falso en todas sus partes.

Preguntó el defensor si Padrón le ha escrito de la cárcel y por mano de quién.

—No he recibido ninguna carta de él.

—¿Cuándo fue que Padrón vendió a la esclava María Lorenza González?

—No me ha vendido ninguna esclava.

—¿Conoce a dicha esclava?

—Sí, señor; sí la conozco.

—Si sabe que la misma esclava lo ha sido de Padrón, hasta cuándo lo ha sido y de quién lo es en el día.

—La esclava era de doña Josefa Higuera, madre de Padrón; a esta la vendieron, sin acordarse en qué tiempo, a una señora de Barquisimeto cuyo nombre no tengo presente y ahora ella dice que es libre, porque un padre de Barquisimeto le prestó los reales para que fuera a pagárselos con su servicio.

Le preguntó el juez a la señora Bolívar:

—Cuándo fue que la señora Bolívar encargó a dicha María Lorenza revisar si había onzas o bustos de oro en la casa de Padrón; cuándo fue que la misma Lorenza le entregó los dos bustos, la llave y la mochila que la señora Bolívar ha enviado al tribunal.

—En abril, después de que ocurrió el robo, encargué la diligencia a María Lorenza y me entregó dichas especies a los pocos días de haberme hecho el robo.

Repreguntó el defensor que dijese más o menos los días entre el robo y el encargo y entre el encargo y la entrega de los bustos.

–No podría fijarlos, pero fue a los pocos días y en el mismo mes de abril.

¿Por qué la señora Bolívar guardó silencio sobre este particular cuando movió el actual procedimiento contra Padrón y por bastantes días, si ya tenía en su poder desde abril los bustos, la llave y la mochila?

–Porque no me pareció tiempo oportuno.

Presentó el defensor una carta para que, sin señalarse a la señora Bolívar el título o persona a quien va dirigida, diga si es suya y escrita de su puño y letra y si la firma que se ve al pie es también de su puño y letra y la misma que usa y acostumbra. Habiéndole presentado la carta y después de haberla leído y examinado, contestó:

–La letra y firma parece que es la mía, pero no estoy segura, y esa carta se refiere a una esclava mía llamada María del Rosario.

La carta en cuestión fue remitida por María Antonia Bolívar al síndico procurador el 4 de marzo de 1833 y dice así:

CARTA 20:

Muy Señor mío: he tenido noticia de que una esclava mía y llamada María del Rosario se ha presentado en su tribunal. Todavía no se le ha tocado su cuerpo desde que la compré y se me ha fugado sin ningún motivo. Esta criada era de Don Esteban Yánez y uno de sus hijos, con quien ella ha tenido dos hijos, ha venido aquí y me la ha sonsacado. Yo no niego a mis criados el papel de venta, pero ella no me lo ha pedido. Si hay quien me dé 250 pesos por ella la vendo sin tacha ni enfermedad, pues no hace ni tres meses que la he comprado. Todo lo que pongo en consideración de V. para que me avise lo que haya lugar y sea justo, pues no ha pasado otra cosa.

Soy de V. atentamente QBLM.

María Antonia Bolívar

—Diga la señora Bolívar, categóricamente, si ha escrito dicha carta, puesto que la ha examinado bien y se ha enterado de su contenido, y si la letra y firma son las suyas propias.

—No hago memoria de haberla escrito. Ello bien puede ser, pero yo no me acuerdo. La letra parece la mía y lo mismo la firma, mas no lo aseguro.

—Diga la señora Bolívar si halla diferencia entre la letra de esta carta y la de las que se han presentado hoy en el pliego cerrado.

—Las letras se parecen pero las que se han presentado hoy estoy cierta de que no las he escrito yo.

—Diga la señora Bolívar si las firmas que autorizan sus comunicaciones y escritos producidos en esta causa son de su puño y letra y estampadas por ella.

—Efectivamente son de mi puño y letra y estampadas por mí.

A la declaración de María Antonia Bolívar insertó el abogado dos certificaciones, a fin de demostrar que un relicario de la Santísima Trinidad, un busto del Libertador y un juego de botones regalados por la señora Bolívar a su defendido habían sido efectivamente propiedad de la señora antes dicha.

El señor Casimiro Arias, maestro platero de la ciudad, certificó que el relicario dorado de la Santísima Trinidad y la cifra que tenía por detrás, así como el dorado aplicado al busto del general Bolívar, habían sido realizados por él, a solicitud de la señora María Antonia Bolívar.

El señor P. Rey, del comercio de la ciudad, certificó haberle vendido a la señora Bolívar un juego de botones que habían sido suyos por la cantidad de siete pesos.

También el abogado incorporó a las pruebas la declaración de Miguel Arocha. Afirmó Arocha que, como al tercer día de estar Padrón en la cárcel, llegó a ella el señor Juan Nepomuceno Miranda quien, según oyó, era dependiente de la Bolívar, proponiéndole a Padrón, en nombre de dicha señora, que haría todo esfuerzo para que se cortase la causa que se le seguía, siempre que le hiciera a favor de ella la cesión de todos sus bienes, en lo que no convino el señor Padrón. Al poco rato de haberse ido Miranda, el señor Ricardo Blanco trató de reducir a Padrón a que aceptase lo que le proponía la Bolívar, en lo que finalmente convino Padrón. En consecuencia, el mismo Blanco procedió a formar el borrador de la carta que, con tal objeto, debía dirigirle a la Bolívar, y según vio en el borrador que se formó, solo exigía se excluyesen de la cesión quinientos pesos que le debía a la señora Magdalena Padrón, su tía, la silla de montar, porque era ajena, y la ropa de su uso. En la misma carta manifestó que era inocente del delito del que se le acusaba y que daba este paso en repartimiento de los muchos beneficios que de ella había recibido. Después supo el declarante que la señora Bolívar no convino en la propuesta, según se lo informó el mismo Blanco. También supo que el señor Alejandro Plaza le escribió a la señora Bolívar instándola para que admitiese la proposición hecha por el señor Padrón, pero esta le había contestado negativamente.

Solicitó Carreño ante el tribunal que se le permitiese promover, como parte de las pruebas, la visita a algunas casas de señoritas en la zona del Empedrado, ya que, según se desprendía de su alegato, la presencia de José Ignacio Padrón en algunas de las casas citadas había sido el motivo que indujo a la señora María Antonia Bolívar a perseguir y acusar a su defendido. Esta prueba no fue admitida por el juez Rivas por considerarla inconducente.

El 14 de octubre de 1836 se dio por concluida la instrucción de la causa al completar las diligencias del caso. Allí estaban, en un grueso expediente, las acusaciones hechas por María Antonia Bolívar, las declaraciones de sus testigos, los testimonios de José Ignacio Padrón, las exposiciones de quienes fueron llamados a declarar por la defensa; las repreguntas a los testigos de la parte acusadora, las cartas de María Antonia Bolívar, las pruebas y certificaciones entregadas por Carreño y el interrogatorio hecho a María Antonia, en el cual niega reiterativamente y sin parpadear que hubiese tenido algo que ver con el acusado. El conjunto, compuesto por más de doscientos folios, constituía el cuerpo completo del caso que permitiría al juez emitir una sentencia.

A todo ello habría que sumar el ambiente de la ciudad, los comentarios, rumores, suposiciones, chismes y comidillas que suscitó este escandaloso caso del presunto robo a la Bolívar y su supuesto amorío con un joven fabricante de peinetas, mucho menor que ella, de modestos recursos y de diferente condición social.

Cuando revisé la totalidad del expediente, vi el interrogatorio y leí las respuestas de María Antonia, me llamó poderosamente la atención su reacción frente a las preguntas del abogado. La situación era visible y ostensiblemente comprometedora. Allí estaban sus cartas, las pruebas, los testigos; todo la dejaba en evidencia. Sin embargo, lo niega. Inmediatamente pensé: no podía hacer otra cosa; tenía que decir que todo aquello era mentira; negarlo desde el principio hasta el fin.

Mientras José Ignacio Padrón estuvo cerca de ella, una de sus preocupaciones fundamentales fue mantenerlo en secreto, buscar la forma de que la gente no estuviese al tanto de sus andanzas con el peinetero. Por tanto, bajo ningún concepto podía admitir delante del juez, delante del abogado y delante del público que ella había mantenido un amorío, durante diez meses, con el mismo sujeto a quien acusó de robarle un montón de dinero. ¡Primero muerta!

Y así se mantiene, impertérrita durante todo el interrogatorio y frente a las evidencias que dejaban absolutamente claras la cercanía, la estrechez, la proximidad de su amistad con el supuesto ladrón.

He tratado de imaginármela sentada en el tribunal, teniendo ante sí al abogado con su cuestionario en la mano, intimidante, inquisidor; enfrentando la mirada y el cuchicheo de los curiosos. No puedo sino figurármela de lo más estirada, con su cabello recogido hacia atrás, su traje oscuro, cerrado hasta el cuello, sobrio, con una esclavina sencilla, bordada, viendo fijamente hacia el frente, sin bajar la mirada, sin mirar a nadie en particular, arrogante, segura, serena, aunque por dentro estuviese corroyéndola la rabia, la impotencia, la indignación y la tristeza.

Una mujer como María Antonia Bolívar, de 57 años y viuda, no podía permitirse una situación tan bochornosa como la que había ocurrido. Era un enorme riesgo el que había corrido al enredarse con un joven como Padrón.

La condición jurídica de la mujer, para ese entonces, no le otorgaba ningún tipo de derechos ni consideraciones. Desde la colonia, las partidas, leyes y regulaciones establecían la sujeción de la mujer a los hombres, a la autoridad masculina, independientemente de su condición civil. Solteras, casadas o viudas, los derechos civiles de las mujeres eran bastante limitados, por no decir casi nulos, ya que, de acuerdo a la valoración existente sobre la mujer, se consideraba que su temperamento era menos fuerte y sólido que el de los hombres; por lo tanto, debía limitarse su actuación e intervención en todas aquellas materias que trascendieran el estrecho ámbito del hogar.

Los derechos políticos de las mujeres, sencillamente, ni siquiera estaban contemplados: los asuntos públicos y de Estado no eran materia de su incumbencia. El sostenimiento de esta valoración respecto a las mujeres no se modificó durante la independencia y tampoco en las décadas siguientes, cuando se estableció de manera perdurable el orden republicano. La mujer siguió siendo considerada un ser inferior, aun cuando en la práctica, numerosas y significativas experiencias dan cuenta de la presencia inocultable de la mujer, mucho más allá del lindero que establecían leyes y códigos, como lo demuestra de manera visible y ostensible la señora Bolívar.

No obstante, en este caso, no se trata de un asunto meramente jurídico, respecto a los preceptos legales que podían proteger o condenar a María Antonia en un pleito como el descrito, sino algo de mayor entidad. Me refiero a la valoración moral que se tenía para entonces acerca del comportamiento y lugar que debía ocupar una mujer, viuda, y más aún si pertenecía a la condición y calidad de María Antonia Bolívar y Palacios de Clemente.

De acuerdo con los cánones morales de la época, resultaba absolutamente condenable, impropio, inaceptable que una dama de su edad, estado civil y condición social estuviese en tratos amorosos con un hombre de inferior calidad y ostensiblemente menor que ella.

Según establecía la costumbre y contemplaban los mandamientos de la religión católica, una mujer, después de enviudar, tenía tres opciones: recluirse en un convento y dedicar el resto de sus días a la oración y la devoción, entregándose en alma y cuerpo al Altísimo; quedarse íngrima y sola, quietecita, dedicada a los asuntos propios de su condición femenina o, en el mejor de los casos, contraer matrimonio nuevamente, pero de manera decente y de acuerdo con su posición social.

El comportamiento que se esperaba de una viuda, de acuerdo con los cánones de la santa madre Iglesia, lo explicó ampliamente, en el siglo XVI, Juan Luis Vives, teólogo valenciano, en su libro *Instrucción de la mujer cristiana*, al cual hicimos referencia al comentar el juicio moral expuesto por el abogado Carreño cuando se refirió a la condenable conducta de la testigo Irene Aponte. Para el siglo XIX, no eran muchos los cambios que habían ocurrido respecto a la viudez, de la misma manera que se habían mantenido, sin mayores alteraciones, las consideraciones sobre las doncellas y las mujeres casadas, no solo a lo largo del siglo XX, sino también bastante avanzado el siglo XX.

Siguiendo a San Pablo, San Ambrosio, San Gerónimo, San Agustín y a todos los santos doctores de la Iglesia, el sabio Vives dejó asentadas las normas, principios y modos de comportarse que debían orientar la conducta de una mujer cuando perdía a su marido y dejaba de estar bajo su orientación, cuidado y tutela.

El libro tercero de la *Instrucción de la mujer cristiana* está dedicado por entero a precisar los mandamientos a seguir por las viudas. La sentencia inicial da cuenta del sentido inescapable de la viudez: una mujer sin marido –dice Vives– es puramente lo que suena su nombre: *viuda*, es decir sola, triste y desamparada. En atención a ello, debía tener siempre presente que su marido no estaba muerto; solo ausente. Cada día sabía nuevas de ella y estaba al tanto de todo lo que ella hacía por su amor. Por tanto, una mujer viuda se encontraba en la obligación de llevar una vida de recato, recogimiento y honestidad a fin de evitar que «… el alma de su marido, airada contra ella, la haya de perseguir siendo viva o muerta».

Se ocupa Vives, de manera especial, de la continencia y honestidad de las viudas. Muerto el marido mortal –sentencia Vives– quedaba la mujer bajo el cuidado de su marido inmortal, Jesucristo. Estaba a cargo de Jesucristo, el hijo de Dios, regirla y encaminarla. Ella –la viuda– solo debía entregarse a su voluntad, ponerse toda en sus manos, dedicar la mayor parte de su tiempo a la oración, platicar y razonar con Él a menudo, asistir a los divinos oficios, escuchar atentamente los sermones, leer buenos libros, cumplir con el amor a Cristo, buscar consuelo en su Madre Gloriosa y tener como ejemplo a las santas viudas de la cristiandad, como Anna, una mujer que, siete años después de perder su virginidad, vivió santamente la muerte de su marido, durante 84 años. En premio, le otorgó nuestro Señor el espíritu de profecía y la gracia de ver a Jesús, siendo niño, acompañándole al Templo el día de la Purificación de la Madre de Dios. En síntesis, una viuda verdadera era aquella que, viéndose sola y desamparada, colocaba su esperanza, consuelo, gloria y bienestar en Jesucristo.

Más virtudes requiere una viuda que una mujer casada —continúa Vives—; primero, porque las primeras están desocupadas y libres; y segundo, porque no tienen a su marido para que las contenga y oriente. Deben acostumbrarse a las obras de caridad: dar de comer al hambriento, cobijar al pobre, visitar a los enfermos. Es menester que aprendan a ser ejemplo de dechado y esmerada bondad.

Las lágrimas, el luto, la soledad, los ayunos, son los ornamentos y atavíos de las buenas viudas. Una viuda debe hablar con gravedad, cuidar su indumentaria, vestir con humildad, mantener el semblante grave, los ojos encubiertos, buscar la soledad, no asistir a convites, torneos, fiestas, danzas, ni distraer su atención con cartas de amores y remoquetes. San Pablo es claro al respecto: «La viuda que vive en deleite, es muerta».

Si tiene necesidad de salir de su casa, debe salir muy cubierta, sin buscar mirar ni ser mirada, mostrando en todo momento lo que suena su nombre de viuda: triste, sola y desamparada:

> Ella debe vivir de manera que no solo mire por sí de no hacer mal, más aún de no dar ocasión a los otros de hacerlo. Saliendo a vistas, poco a poco el empacho se pierde, la vergüenza y castidad andan puestas en condición, y entrambas pasan peligro de perderse; y si no se pierden, no dejan de decir que estuvieron puestas al tablero, y con esto cada uno habla, no como debe, sino como se le antoja.

Las viudas, concluye Vives, deben estar muy atentas a lo que dice San Pablo Apóstol sobre ser callejeras, amigas de visitas y de mezclarse en negocios de unos y otros: «… las viudas que andan de casa en casa ociosas y parleras, hablando en lo que no les conviene, deben ser totalmente desechadas».

María Antonia había transgredido visiblemente las normas y convenciones acerca de la viudez que regían la vida social de entonces, todas ellas emanadas de los preceptos establecidos por la moral cristiana. Además, había ocurrido algo todavía peor: su comportamiento desviado del mandato trascendió, se hizo público y se convirtió en escándalo, en objeto de comentarios por parte del «insolente populacho», como llamaba *la criolla principal* a los sectores inferiores de la sociedad: los mismos a quienes había recurrido para que testificasen a favor suyo.

    La última palabra de todo aquel embrollo la tenía Juan Jacinto Rivas, el juez de la causa, quien fijó el día 16 de octubre a las 9 de la mañana para dar lectura a todo el expediente, en voz alta y, concluida esta, dictar sentencia.

PADRÓN ES INOCENTE

De acuerdo con la ley de hurtos, las pruebas debían realizarse en los seis días siguientes de la denuncia. No obstante, desde la fecha en que María Antonia Bolívar presentó su denuncia, se inició el juicio y se logró concluir las diligencias, transcurrió mucho más tiempo del que estaba previsto por la ley. Alegó el juez, en su descargo, que el procedimiento había sido especialmente complicado: se examinaron más de noventa testigos, lo cual exigió la atención del tribunal durante varios días y, al mismo tiempo, tuvieron que darle salida a las causas criminales y civiles que estaban pendientes de resolución en el mismo tribunal. Concluidas las diligencias, seis semanas después de que se introdujo la demanda, se fijó la vista definitiva de la causa para el domingo 16 de octubre a las 9 de la mañana.

En la fecha fijada, a la hora señalada, a pesar de que era día festivo, el alguacil convocó a las partes y, en la puerta del tribunal, a viva voz, pregonó el inicio de este último procedimiento. En presencia del juez, del abogado defensor y del público asistente, se hizo la lectura, página por página, de la totalidad del expediente, con todas las diligencias practicadas.

Lo único que se omitió del grueso expediente fue la lectura de las cartas que dirigió María Antonia Bolívar a José Ignacio Padrón, por considerar el juez que era lo más decoroso, conviniendo en ello el abogado defensor. Aquí queda expresamente clara la consideración especial que tuvieron el juez y Carreño hacia

María Antonia Bolívar, actitud que no tuvo el abogado cuando interrogó a Irene Aponte, a quien puso en el compromiso de declarar si se encontraba embarazada del acusado y de quien llegó a decir que era una mujer de la calle.

Frente a María Antonia no hay juicios morales, ni descalificaciones, aun cuando, como ya dijimos, su condición de viuda y su cercanía afectiva con Padrón podían ser condenadas moralmente y poner en entredicho la credibilidad de la parte acusadora, alegando exactamente lo mismo que había expuesto Carreño en el caso de la joven Aponte. Sin embargo, no solamente acepta que se omita la lectura de las cartas, sino que, además, no hace alusión alguna de rechazo o condena respecto al hecho de que una viuda principal se hubiese involucrado afectivamente con un sujeto como Padrón y lo hubiese denunciado y acusado de ladrón, dejándose llevar por los celos y la rabia que le produjeron que la dejase por otra. Con toda seguridad influyó en ello la condición social de la señora Bolívar.

De manera pues que quienes asistieron a la barra del tribunal para conocer los detalles del supuesto romance de María Antonia Bolívar, la hermana del Libertador, con el joven José Ignacio Padrón, fabricante de peinetas, no vieron satisfecha su curiosidad.

Cuando se estaba leyendo el folio 126, viendo el juez que no alcanzaría el día para concluir la lectura pública del expediente, suspendió la relación de la causa para la mañana siguiente, a las diez, ajustando su proceder a lo que, en casos similares, practicaba la Corte Suprema de Justicia. Y así se hizo.

El lunes 17 de octubre concluyó la lectura del expediente y, desde el estrado, el doctor Juan Bautista Carreño expuso de viva voz la defensa de José Ignacio Padrón. Al concluir, solicitó la completa absolución de su defendido y que se hiciese declaración expresa de que el actual procedimiento no podía obrar nunca contra su buena reluctancia. Solicitó también la inmediata liberación del reo y el desembargo de sus bienes. Para concluir exigió la condena de la parte delatora en los gastos de justicia, costas y perjuicios con lo demás correspondiente y que se impusiera a los testigos cuyas declaraciones resultaron falsas las penas contempladas por las leyes, en estos casos.

Escuchada la exposición del abogado Carreño en favor de su defendido, el juez emitió sus consideraciones respecto al caso y pronunció la sentencia respectiva.

Visto el expediente criminal, consideró el juez que todas las pruebas sobre el cuerpo del delito, esto es, el cofre roto y el machete que sirvió para abrir la tranca de la puerta, llevados al tribunal como evidencia por la parte acusadora, tuvieron su origen en lo dicho e insinuado por la propia denunciante, apoyándose en testigos cuyas declaraciones se basaban, igualmente, en el testimonio de la acusadora. También hizo notar el juez, muy particularmente, que la señora María Antonia Bolívar no dio parte del robo inmediatamente, sino cuatro meses y medio después de que los hechos fueran presentados por la denunciante. No tenía el juez razón alguna para creer que fuese calumnia o falsa su exposición, pero sí para advertir que no se demostró el delito denunciado.

En relación con la autoría del robo por parte de José Ignacio Padrón, también manifestó el juez su parecer. Primero, destacó que los bustos y la llave que se presentaron para incriminar a Padrón se obtuvieron por un conducto que dificultaba su consideración como una prueba cabal y libre de toda sospecha; tampoco podía prescindir el juez de la extrañeza que le causaba que la señora María Antonia Bolívar no hubiese dado parte inmediatamente a las autoridades cuando María Lorenza le entregó los bustos, y tampoco cuando introdujo la denuncia del robo, sino quince días después de iniciadas las diligencias, si ella misma confesó que los tenía desde poco tiempo después de ocurrido el hurto de los diez mil pesos.

Tampoco quedó persuadido el juez de la culpabilidad de Padrón después de escuchar y conocer las declaraciones de los testigos presentados por María Antonia Bolívar. En cuanto a Francisco y José de Jesús Bolívar, sus esclavos, nada dijeron que permitiera demostrar la culpabilidad de Padrón; Francisco Bigott y Crisanto Bermúdez solo declararon que lo vieron parado en la puerta de la casa de la señora Bolívar una noche de abril, y Juan Alemán dijo que oyó a Padrón preguntarle a Francisco si la señora Bolívar estaría esa noche allí o si se iba para el Empedrado. No había en ninguna de ellas demostración alguna de que Padrón hubiese sido el autor del robo.

Se detuvo el juez, especialmente, en la declaración de María Lorenza González para emitir su criterio respecto a la validez de su testimonio. Por el acta donde se estampó su declaración consta que la testigo fue citada, ofrecida e informada sobre el objeto de su comparecencia por la misma señora Bolívar; desde el principio de su declaración, por sus palabras, expresiones y la resistencia que hizo de nombrar a la persona que la había citado y mandado a venir al tribunal, dio motivo al juez para dudar de su veracidad. La misma María Lorenza se ofreció a reconocer los bustos que encontró bajo el colchón de su amo y, al ponérselos a la vista con una onza de oro colombiana, no supo distinguir los bustos de la moneda.

María Lorenza, en el mes de abril, era esclava de la madre de José Ignacio Padrón. Dijo en su testimonio que no tiene odio o rencor contra este, pero sí admitió tener sentimientos porque la trataba mal cuando era su esclava; fue vendida a una señora de Barquisimeto y ahora es libre, según ella misma dice, sin haber presentado la carta de libertad; es tan pobre que vive en casa de la señora Juana Miranda haciendo algunos pequeños servicios, sin ganar más que la manutención y ropa lavada y, últimamente, habiéndole ordenado el tribunal que no se ausentase de esta ciudad sin darle aviso para que concurriese a dar las ratificaciones de su declaración, se negó a comparecer y se puso en fuga, a la misma hora que mandó un recado sobre que estaba enferma. Este es el único testigo que ha dado una declaración agravante contra José Ignacio Padrón y un dicho no hace prueba por las contradicciones en que ha incurrido, por las circunstancias ocurridas en su citación y por haberse fugado al dar su ratificación.

Los demás testigos presentados por la acusación no fueron tomados en cuenta por el juez, ya que declararon por creencias o de oídas.

Respecto a todos aquellos que en sus testimonios declararon haber visto a Padrón gastando grandes cantidades de dinero, estimó el juez que el capital manejado por Padrón no excedía los mil quinientos pesos y, además, no había sido a la vez, sino en diferentes épocas del año, cosa que de ninguna manera probaba que hubiese sido el ladrón, tanto más cuando presentó un gran número de testigos en cuyas declaraciones afirmaron que, desde años atrás, lo conocieron siempre en especulaciones y agencias de alguna consideración, disponiendo de cantidades iguales a las reparadas por la denunciadora para fundar sus sospechas.

No encontraba el juez suficientemente comprobado el delito, ya que todas las pruebas contra José Ignacio Padrón se reducían a indicios y sospechas sobre las cuales no podía fallarse esta causa, condenando como autor del delito al acusado. Por todo lo cual sentencia esta causa absolviendo a José Ignacio Padrón de la instancia y condenando a la señora María Antonia Bolívar a pagar el impuesto para gastos de justicia.

Ordena la expedición de la libreta de libertad a favor de José Ignacio Padrón. En la misma sentencia, manda que se aperciba a los alcaldes parroquiales de Catedral y Altagracia, doctores José Julián Osío y Lorenzo Espinosa, con la responsabilidad legal para otra ocasión por no haber llenado las formalidades que previene el código de procedimientos judiciales sobre el examen de los testigos y especialmente al último, por haber redactado las declaraciones de los que examinó en hojas separadas y papel no correspondiente, contra la terminante disposición de las leyes sobre esta materia.

El juez fundamenta sus argumentaciones y resoluciones haciendo mención expresa a varias leyes: las leyes 8.ª, 12.ª, 28.ª, y 41.ª, Título 16, de la Tercera Partida y la Ley 26.ª, Título 1.º de la Séptima Partida. Se trata, en los dos casos, de las Partidas del rey de Castilla, Alfonso X, el Sabio, redactadas y promulgadas entre los años 1256 y 1265. También recurre el juez a la Ley Tercera, Títulos 23 y 32 de la Novísima Recopilación de Indias, al Código de Procedimiento Judicial sancionado en Caracas el 19 de mayo de 1836 y a la ya citada Ley de Hurtos aprobada el 23 de mayo de ese mismo año.

Como puede advertirse, coexistían en Venezuela, para el momento del juicio, normas jurídicas sancionadas en el siglo XIII, antiguas leyes y fueros españoles recopilados en el siglo XVIII por orden de Carlos IV, reunidos en la Novísima Recopilación publicada por primera vez en 1806, junto a los códigos y normativas de recientísima aprobación, como lo fueron el Código de Procedimiento Judicial y la Ley de Hurtos, ambos del año 1836.

Para quienes no somos abogados, más allá de los comentarios que pueda suscitar esta convivencia de leyes, códigos y recursos jurídicos tan antiguos con los más recientes, tal como se advierte en la sentencia, lo que salta a la vista y llama la atención es la precisión profesional del juez y la neutralidad que se advierte en la administración de justicia. El juez concluye, y así lo deja claramente expuesto y argumentado en la sentencia, que no había ninguna prueba ni testimonio que demostrase la culpabilidad de Padrón. Al mismo tiempo, no hace la más mínima alusión a la existencia o no de un posible amorío entre la acusadora y el imputado. Esto no forma parte de sus consideraciones; no había allí ningún delito; no establece ni destaca relación alguna entre el robo, la denuncia de María Antonia Bolívar y la existencia de un convenio privado entre ella y el supuesto ladrón; tampoco señala la posibilidad de que la acusación de María Antonia Bolívar hubiese estado motivada por los celos o el despecho. Se limita a exponer y a emitir su veredicto exclusivamente sobre la materia que atañe de manera directa al delito que dio inicio a la causa: el robo de los 10.000 pesos. Y, tal como lo expone en la sentencia, ni las evidencias ni los testimonios eran concluyentes para condenar a José Ignacio Padrón como autor del hurto.

Al conocer la sentencia, las dos partes apelaron ante la Corte Suprema.

El doctor Carreño, el mismo día, introdujo un escrito en el cual expuso que se había absuelto a su defendido solo de las instancias, pero no completamente de culpa y cargo, como correspondía. Apeló entonces a Su Excelencia la Corte Suprema de Justicia, a fin de que se pronunciara como lo había manifestado en su defensa y solicitando también que se acordara, ese mismo día, el desembargo de sus bienes. La respuesta del juez respecto a esto último fue que al quedar absuelto el acusado de los cargos, en el mismo acto quedaba incluido el procedimiento para el desembargo de los bienes.

Por su parte, María Antonia Bolívar también introdujo un recurso de apelación ante la Corte Suprema a fin de hacer valer sus derechos por la injusticia que envolvía la condena al pago de los gastos de justicia. No se lo esperaba, básicamente porque no se había constituido en parte, no obstante el inmenso perjuicio que se le había hecho con el robo de los 10.000 pesos. Solicitaba entonces que el tribunal superior, con la seria meditación acostumbrada, reflexionara sobre el caso y reformara esta «infame sentencia».

En el transcurso de las diligencias, de ser ciertas las declaraciones atribuidas a la madre de Padrón y del testigo Miguel Arocha, queda claro que María Antonia estaba convencida de que el pleito no tendría mayores consecuencias. Así se desprende del comentario hecho por ella a la solicitud de la señora Higuera para que tratara de evitar ciertas pruebas y así poner fin a la causa, a lo cual su respuesta fue que luego de unos días en la cárcel y mientras Padrón no dijese que ella le había dado nada, todo se resolvería sin problemas.

Más elocuente, en este sentido, fue la declaración del testigo Miguel Arocha, quien aseguraba que a la cárcel se había presentado un emisario de María Antonia Bolívar a fin de convencer a Padrón de que le traspasara todas sus propiedades. Como este se negó o propuso quedarse con algunos pocos bienes, ella no insistió en la oferta, convencida de que Padrón no saldría con bien de aquel embrollo. Se equivocó de palmo a palmo en su apreciación.

Pero el pleito no terminó con el dictamen del juez y la apelación de las partes. Hubo más. El mismo día que se leyó la sentencia ocurrió un incidente que puso en evidencia la incredulidad de María Antonia por el resultado y, sobre todo, la furia, la rabia, la indignación y la impotencia que le ocasionó, no solamente la absolución de Padrón, sino haber sido condenada a pagar las costas del juicio, luego de ser la comidilla de la ciudad por más de cuatro semanas.

La sala del tribunal estaba repleta de gente. Había más de treinta personas cuando el juez le solicitó que se acercara a la mesa. Estando María Antonia frente al juez, este le entregó los dos bustos del Libertador que habían sido depositados por ella durante las averiguaciones como evidencia del robo. Eran los mismos bustos que supuestamente había encontrado la sierva María Lorenza debajo del colchón de Padrón; los mismos que la pobre María Lorenza no había logrado distinguir de una onza de oro colombiana; los mismos que en su momento María Antonia consideró prueba esencialísima para la calificación del robo.

Al colocar los bustos en sus manos, María Antonia los agarró y, con la misma, los soltó de mala manera sobre la mesa, diciéndole al juez que bien podía servirse de ellos y le dio la espalda. El juez, ante la arrogancia y desfachatez de María Antonia, le reclamó su desaire y le exigió que los tomara, no sin antes reclamarle su irrespeto. La reacción de María Antonia fue inmediata y absolutamente desmedida: tomó los dos bustos y los tiró al suelo diciendo: «esto no vale nada».

Se impuso el juez frente al desacato y la desproporción de la respuesta de María Antonia y, en tono severo, le ordenó recoger los bustos, amenazándola con llevarla a la cárcel si no guardaba el respeto debido a su autoridad y solicitándole que se retirase, ya que no tenía nada más que hacer en el tribunal.

El episodio no pasó desapercibido para nadie. La propia María Antonia, en medio de su alteración y su soberbia, pudo aquilatar muy rápidamente la magnitud de lo ocurrido y sus consecuencias. De allí que, ese mismo día, seguramente asesorada por alguna persona sensata y consciente de la gravedad de su ofensa, le dirigió una carta al juez Rivas con la intención de restarle importancia al incidente, ofrecerle sus disculpas y procurar que no fuese a interpretar lo ocurrido como un acto de irreverencia ante el tribunal o de irrespeto hacia él. Aquí está la carta:

Al señor juez de primera instancia:

María Antonia Bolívar, viuda de este vecindario, como sea más conforme por derecho a Ud. digo: que habiendo ocurrido al tribunal en la mañana de este día a imponerme de la justicia que se ha pronunciado sobre el robo de los diez mil pesos que se me hizo, notificada que fui interpuse, como era debido y lo creía conforme a mis derechos, apelación para la Corte Superior del tercer distrito.

Consecuente con este paso, me devolvió Ud. en el acto los dos bustos que presenté en parte del cuerpo del delito cometido por José Ignacio Padrón, como que le fueron encontrados con una llave en su casa por una sirvienta de quien me valí para que indagase y me diese aviso de si tenía o vio algo de lo robado en su poder, a cuya demostración manifesté quedasen dichos bustos en el tribunal, ya por su poca importancia y ya también y más que nada porque, componiendo ellos cuerpo del delito perpetrado y apelada como está la sentencia, debían servir de instrumento o calificación del hecho ante el tribunal superior, que pueda, como lo espero, reformar dicha sentencia. Ud. se molestó con mi humilde insinuación, tomando a mal o como insulto que yo irrogaba a su persona, conminándome en su virtud hasta con cárcel. Ni mi sexo, ni mi edad, ni nacimiento podían esperar que, dando diferente sentido a las palabras, se reputase y conceptuase por falta un acto indiferente y que en mi corazón no abrigaba la menor idea de irrespetuosidad al tribunal, demás de que, consecuente con mis principios, me ha parecido conveniente hacer esta manifestación en obsequio del honor de la magistratura que Ud. desempeña y de su propia persona; deponga Ud. cualquier concepto que haya formado contrario a esta exposición, bien persuadido de que ahora ni nunca he tenido el más pequeño ánimo de faltar a la alta consideración que me ha merecido su persona, por tanto.

A V.S. se sirva tener por parte de satisfacción este escrito mandando que en clase de tal se agregue a los autos por ser así de justicia que representó en Caracas a 17 de octubre de año del 1836.

María Antonia Bolívar

Lo que sucedió, según se desprende de la carta de María Antonia, no fue sino un gesto de «indiferencia» de ella y no una grosería. Pensaba que los bustos bien podrían permanecer en el tribunal mientras continuaba la causa. En esta oportunidad, antepone su «sexo», su «edad» y su «nacimiento», como recursos de validación para que no se malinterprete su «humilde insinuación» como un acto irreverente. No le parecía, pues, que el juez tuviese ningún motivo para molestarse y, mucho menos, que pudiese otorgarle un sentido irrespetuoso a sus palabras. Dicho esto, esperaba que la carta pudiese servirle de satisfacción y, no solamente eso, sino que fuese incorporada a los autos.

El juez Rivas, como era de esperar, no estuvo conforme con la interpretación de los hechos tal como los expuso María Antonia Bolívar en su carta. De manera que, si debía quedar incorporada en el expediente, tal como ella lo solicitaba, se haría con las aclaratorias del caso. Por tanto, se ocupó de hacer el registro formal y certificado de los sucesos como habían ocurrido. Con esa finalidad solicitó que fuesen citadas dos personas de las que presenciaron el incidente para que diesen testimonio de lo sucedido.

El primero en declarar fue Lino Talavera. Su versión de los hechos es como sigue:

> Estando yo en el tribunal, vi a la señora Bolívar firmar una notificación que se le hizo y habiendo el señor juez de primera instancia envuelto en un papel a presencia del público dos bustos del Libertador Bolívar que estaban consignados en el tribunal, llamó a la señora Bolívar y se los entregó diciéndole que los llevase, pues ya no eran necesarios. La señora Bolívar los tomó y, soltándolos inmediatamente sobre la mesa dijo, en ademán de volver la espalda, «que bien podían servirse de ellos». La llamó el señor juez y le manifestó, con palabras propias de su dignidad, la injuria que hacía al tribunal y, obligándoselos a tomar, ella los cogió de nuevo y, tirándolos al suelo, delante de todos, dijo en un aire de desprecio: «esto no vale nada». Entonces, el señor juez le hizo ver su atrevimiento y desacato y le mandó coger los bustos, a lo que ella se negaba, manifestándole que si no guardaba respeto y acatamiento la mandaría llevar a la cárcel, ordenándole se retirase, supuesto que nada tenía que hacer en el tribunal, lo que ella verificó pronunciando palabras que no comprendí porque estaba colocado en la puerta de la secretaría.

Un testimonio bastante parecido fue otorgado por el licenciado Pedro Núñez de Cáceres quien, al igual que muchas otras personas, se encontraba en el lugar de los acontecimientos y pudo presenciar la escena.

A los testimonios ofrecidos por Talavera y Núñez de Cáceres, se incorporó la versión de su encuentro con María Antonia escrita por el propio juez Rivas. Su palabra, su credibilidad, su investidura, su condición de juez de la causa, exigían dejar constancia certificada del episodio y así lo hizo, al día siguiente, sin ahorrarse el más mínimo detalle:

> Juan Jacinto Rivas, juez de primera instancia interino del primer circuito de las provincias de Caracas. Certifico que habiendo comparecido ayer en mi tribunal la señora María Antonia Bolívar, se le notificó en audiencia pública la sentencia pronunciada en la causa contra Ignacio Padrón por hurto. Apeló dicha señora de ella por ante S.E. la corte superior y, después de extendida y firmada la diligencia, llamé a mi mesa a la señora Bolívar y traté de devolverle los dos bustos de oro que acompañó a su escrito de denunciación, folio (45), según solicitó allí. Al dárselos, me contestó la señora Bolívar con estas palabras: «Déjelos Ud. ahí, eso no vale nada». De pronto me reí y le dije: «tome Ud., Sra., sus bustos» y ella siguió siempre de espalda y tratando de retirarse, y me dijo otra vez: «sírvase Ud. de ello, eso no vale nada; déjelos Ud.». Pero todo esto dicho con un tono y de una manera que no pude menos que creer que la Sra. Bolívar me dirigía un insulto. Por cuya razón, enseriándome, le dije entonces: «Sra., si Ud. trata de insultarme con esos conceptos, guárdese Ud. de hacerlo, tome Ud. sus bustos y retírese». Había presentes en la barra como treinta personas y, tomando la señora Bolívar los bustos en sus manos, dijo siempre en el mismo tono: «yo no lo insulto a Ud. sino lo que digo es que no vale nada», y tiró los bustos al suelo con un ademán demasiado irrespetuoso. Entonces fue que el juez le dijo: «Sra., levante Ud. esos bustos del suelo; si Ud. no me guarda los respetos que se me deben como juez, la mandaré a la cárcel». Levantó los bustos y se retiró replicando, por cuyo motivo

le dirigí estas palabras: «Sra., sea Ud. más recatada y en otra ocasión respete Ud. las autoridades como se debe».

Juan Jacinto Rivas

También certificó lo sucedido el secretario interino del tribunal, Eloy Paredes.

Este último episodio en el tribunal es demostración de la indignación y la rabia que sintió María Antonia frente a la sentencia, y también de su arrogancia, de su petulancia, de su enorme e incontrolable soberbia. Lo que no hizo en el interrogatorio, la contención que logró mantener durante todo el juicio, el control de sus emociones, se desbordó en aquel preciso instante.

Pero más significativo que su colérico y despectivo arrebato fue el inmenso bochorno y la terrible humillación a la cual se expuso al ser obligada por el juez a agacharse, delante de todo el mundo, para recoger del piso los bustos de su hermano el Libertador, adonde los había arrojado ella misma ante la mirada atónita del juez y de todos los presentes.

Tiene que haber sido una escena dramática presenciar la figura presuntuosa y altiva de aquella mujer, doña María Antonia Bolívar y Palacios, viuda de Clemente, símbolo inequívoco de los mantuanos caraqueños, doblegada en su orgullo, sometida a la autoridad de la República representada en el juez Rivas y forzada a doblar las rodillas hasta el suelo, frente al numeroso público que se encontraba congregado allí. Y, por supuesto, ni qué decir de los comentarios, rumores, chismes y burlas que seguramente se desprendieron de aquel inusual y poco común espectáculo.

Cabe pensar que, después de este vergonzoso episodio de los bustos, del estruendoso fracaso de su denuncia y acusación contra José Ignacio Padrón, de la chismorrería que desató el juicio, de su propia degradación y deshonra por lo ocurrido, María

Antonia decidiera pasar la página y olvidarse de un todo y para siempre de Padrón. Pero no fue así. El 6 de noviembre, cuando todavía no había transcurrido un mes de la sentencia, le remite una carta a doña Josefa Higuera, la mamá de José Ignacio.

> Señora doña Josefa:
> Tenga usted la bondad de decir a Padrón que en este mes que entra se le cumple el plazo de los trescientos pesos que me debe, que los afronte para que me los dé, y que creo que no dará lugar a que andemos de tribunal.
> Soy de usted, atenta servidora.
>
> Bolívar

Resulta sorprendente que le esté cobrando este dinero y que, luego del resultado del juicio, todavía se anime a amenazarlo con ir a los tribunales. No hay ni una palabra de disculpa, ninguna alusión a lo ocurrido. Son órdenes: que pague lo que le debe o vuelven a los tribunales.

Lo más llamativo es que no fue esta la única carta escrita por María Antonia después de concluido el embrollo. El día 20 de diciembre se anima a escribirle unos versos a Ignacio. Es esta la única correspondencia en la cual lo llama por su nombre de pila, la única en la cual son explícitos y claros sus sentimientos hacia él y también la única que tiene fecha, de todas las que reposan en el expediente.

De seguidas los versos que le escribió María Antonia a Ignacio:

CARTA 21:

> Ignacio, no me es posible
> aunque me siento agraviada
> verte un instante borrado

de mi corazón sensible:
Si no es el tiempo aceptable.
A una amistad invariable
Una vida miserable
Tendrás en la sociedad
Porque solo la amistad
Hace la vida apreciable.

Ojalá yo no tuviera
Tanta sensibilidad
Que con más serenidad
Tu conducta ingrata viera
Pero, amigo, aunque no quiera
No puedo ver con paciencia
A mi amistad fina y leal,
Pues yo no encuentro qué mal
Te haya hecho en mi conciencia.

No quiero, no, recordar
Cuánto me has hecho sufrir
Por no haber de repetir
Lo que deseo olvidar
Tú has querido demostrar
Mi honor, mi reputación;
Nunca pensé que esta acción
De un amigo me viniese,
Y que me correspondiese
con una cruel sinrazón

Nunca tuve otro contento
Que servirte y agradarte,
Y en retorno, de tu parte
Solo recibo un maltrato

Tu corazón es ignorado,
Fuerza será que lo diga,
Y si no quieres que siga
En este juicio afirmada
Pruébame que estoy errada,
Y siempre seré tu amiga.

En estos versos no hay arrogancia, no hay petulancia, tampoco soberbia; sí tristeza, nostalgia, recuerdos, deseos de contar con su amistad y también reclamos: se siente herida por su abandono, por su traición, por su ingratitud, por su maltrato, pero no puede olvidarlo ni prescindir de su amistad.

No hay ninguna respuesta de Ignacio Padrón a los versos de su amiga.

La última carta que se conoce de María Antonia a Padrón es de resignación y despedida. No tiene fecha y dice así:

CARTA 22:

Al fin se acabará lo que no tiene remedio, en verso y en prosa me he quejado y nada he sacado.

Bien puede usted emplear su tiempo en otra parte, que hoy nada quiero por fuerza y mucho menos que la Santísima Trinidad tenga que traerlo por los cabellos. Mi tranquilidad es indispensable y tengo que adquirirla a pesar del mundo entero aunque pierda la existencia que me quiere, y si me ve, diré que quiere concluirme para siempre.

Vaya a la casa de juego, donde pasa la mayor parte de su tiempo, y donde se dirige, vaya a cortejar la que quiera, que yo con Dios tengo lo suficiente; siga usted con su sistema de calavera que algún día le irá mal allá, cuando no tengan remedio sus infortunios y miseria. Mi conciencia queda tranquila habiendo hecho cuanto ha estado a mi

alcance por hacerlo feliz, pero todo es en vano cuando Dios trabajos
destina al hombre.

Esta paga la certificación del médico.

Esta carta se parece mucho más a su correspondencia con
Padrón. Está escrita, sin duda, en un estado de ánimo totalmente
diferente al de los versos; sus sentimientos, sean los que fueren,
están bajo control. Está convencida de que se portó bien con él,
de que hizo todo lo posible por hacerlo feliz; el culpable, en todo
caso, es Padrón, que no supo apreciar sus desvelos, su amistad,
sus atenciones. No tiene esperanzas: todo se acabó, así que primero está su tranquilidad y punto final.

Los trámites judiciales continuaron después de la sentencia
y del bochornoso incidente protagonizado por María Antonia
por su irrespeto al juez Rivas. Como ya se dijo, ambas partes
apelaron ante la Corte Superior.

José Ignacio Padrón nombró apoderado a Ricardo Blanco
para que lo representara, se hiciera cargo de las diligencias del
caso y sostuviese sus derechos en la continuación de la causa en
la instancia superior.

Al año siguiente, el abogado Ricardo Blanco introdujo un
escrito en el tribunal solicitando se le exigiera a María Antonia
Bolívar el pago de la fianza que sirviera de respaldo a lo dispuesto
en la sentencia, mientras se esperaba el fallo de la Corte Superior.
Su solicitud obedecía a que se comentaba en la ciudad que María
Antonia Bolívar estaba intentado vender todas sus propiedades
para ausentarse del país y liberarse de la responsabilidad que pesa-
ba sobre ella como resultado del fallo absolutorio de Padrón. En
su opinión, si llegaba a verificarse la venta de sus propiedades y
la señora Bolívar en efecto se iba de Venezuela, quedaría burlado
Padrón y «… eludidas las leyes que quieren el escarmiento de los
culpados y no el sacrificio del inocente».

No estaba completamente descaminado el abogado Ricardo Blanco. El 13 de mayo de 1837, en la *Gaceta de Venezuela*, María Antonia Bolívar publicó un anuncio poniendo en venta una parte sustantiva de sus propiedades.

La casa del Empedrado, con sus muebles, árboles frutales y un pedazo de terreno de regadío perteneciente al fondo de la misma casa. Una hacienda de caña y otra de café situadas en Macarao, con buenas tierras de montaña; cinco casitas en La Guaira, situadas en el callejón Muchinga; un juego de trapiche con sus tambores de hierro; unas casas en el barrio de Santa Rosalía y otra en la calle de Colón. Los que estuviesen interesados debían dirigirse a su casa en la esquina de Sociedad.

No hay noticias de que haya logrado vender alguno de estos bienes. Finalmente, un año después de salir publicado el anuncio aludido y cuando todavía no se había cumplido el segundo año de la sentencia en primera instancia, la Corte Superior de Justicia emitió el fallo definitivo.

> En cuanto a la condena que obligaba a María Antonia Bolívar a pagar el impuesto de justicia y las costas del procedimiento, la Corte observa que, habiendo la Bolívar rehusado constituirse en acusadora y solo denunciado a los tribunales un hecho en que tenía interés propio, no es justo imponerle ninguna especie de pena, sin constar de un modo manifiesto la falsedad y malicia de su procedimiento. En cuya virtud, administrando justicia por autoridad de la ley, se revoca la sentencia apelada, absolviéndose a José Ignacio Padrón de toda culpa y cargo en la presente causa, sin especial condenación de costas.
>
> Caracas, 27 de julio de 1838

Terminó así la causa iniciada por María Antonia Bolívar el 8 de septiembre de 1836.

Transcurridos cuatro años y pocos meses del fallo de la Corte Superior, María Antonia Bolívar abandonó el mundo de los mortales. Murió en Caracas, en su casa de la esquina de Sociedad, el 7 de octubre de 1842, a los 65 años de edad: viuda y sola.

De José Ignacio Padrón no hay la menor noticia. Seguramente, al recuperar la posada, luego del desembargo de los bienes, la mantuvo en funcionamiento. A lo mejor se casó con la mulata del Empedrado y se mudaron juntos a la posada; quién sabe. Muy probablemente siguió con el negocio de la fabricación de peinetas de carey hasta que se inventaron las de celuloide, pocos años después.

Era Padrón un sobreviviente, no solo de la guerra de independencia, del año terrible de 1814, momento en el cual nació, y de los violentos y difíciles años posteriores, sino también de la complicada y exigente década de la convivencia colombiana y de los años iniciales de la República, durante los cuales se defendió como pudo, incluso de la poderosa y arrogante María Antonia Bolívar quien, sin duda, le fue de gran ayuda para salir adelante en medio de los avatares y demandas de aquel momento.

SOLA, TRISTE Y DESAMPARADA

María Antonia Bolívar jamás se sintió cómoda en la República. Desde el primer día, fue contraria al invento de la independencia, a la disolución del orden antiguo. No compartía, ni estaba de acuerdo, con traicionar la lealtad a la Corona que había distinguido, durante siglos, a sus ascendientes: los Bolívar, los Palacios, los Herrera, los Blanco, familias de prosapia y distinción, con blasones e hidalguía, descendientes de los conquistadores quienes, históricamente, se habían mantenido irrefragablemente fieles al rey y a los mandatos de la monarquía.

La independencia no le trajo a María Antonia sino disgustos: tuvo que abandonar su casa, sus comodidades, su tranquilidad; fue obligada por Simón Bolívar, su hermano menor, a huir a las islas del Caribe, con lo mínimo para subsistir decentemente, primero en Curazao y luego en La Habana. Sus propiedades fueron embargadas por la Corona por el solo hecho de llevar el mismo apellido del más empecinado y pugnaz jefe de la insurgencia. Cuando estaba en La Habana, falleció su marido; tuvo que buscar la manera de sobrevivir en el exilio, con sus dos hijas en edad de merecer y su hijo menor Pablo Secundino, quien tenía problemas de salud. Desde el exilio, vio con horror la destrucción y devastación que ocurría en Venezuela como consecuencia de la guerra: las esclavitudes alzadas, las propiedades sin sus dueños, los cañaverales improductivos, el ganado diezmado, el comercio detenido, los criollos divididos, las instituciones acabadas, las familias desmanteladas. Un espanto total. Cada día se afirmaba más en su convicción acerca de los terribles males y espantosas consecuencias que la anarquía y el abandono de las jerarquías estaban provocando en su tierra natal. Nada bueno podía esperarse de la ruptura con la monarquía, del desconocimiento del único y legítimo rey de estos sus dominios, de la sanción de un orden republicano, del impacto disolvente de la igualdad. No señor; de ninguna manera podía ser positivo, ni llegar a ninguna parte, aquel trastorno que representaba el fin de la tranquilidad y la estabilidad garantizadas por la monarquía española a los blancos criollos, como ella, durante tres siglos.

El triunfo de las armas republicanas, el establecimiento de la República de Colombia, el predominio político y militar del Libertador, jefe indiscutible de la nueva situación y la supuesta normalización de la vida en Venezuela, la trajeron de nuevo a su ciudad natal en 1822, a regañadientes: no tenía otra posibilidad. No podía seguir viviendo afuera; no tenía manera de sostenerse sin la pensión que le había otorgado el rey de España desde 1819; también los liberales gobernaban en la península. Tuvo, pues, que aceptar la invitación y el dinero de su hermano, devolverse y tratar de asimilar y aprender a vivir en la República.

No fue fácil para María Antonia Bolívar el regreso. Después de ocho años de ausencia y de una guerra feroz, no quedaba nada en pie: las haciendas estaban en el suelo, los esclavos andaban de su cuenta; los pardos, ni se diga; las casas, desbaratadas y ocupadas por gente del común; San Mateo convertido en cuartel; el dinero escaso, desorden por doquier, anarquía desbordada, un territorio sin ley ni autoridad y José Antonio Páez, dueño de la situación. ¿Adónde había llegado? ¿Qué podía hacer? ¿Cuál sería su destino? Sola, sin marido, con varias bocas que alimentar, tenía que salir adelante; ni modo. Se defendió con las uñas, consiguió que su hermano le otorgase un poder amplio para resolver todo lo material y a ello se dedicó con empeño. Recuperó y alquiló las casas, arrendó las haciendas, administró los recursos, distribuyó las rentas entre los familiares, hizo negocios, aumentó sus haberes, negoció las minas y, muy rápidamente, se convirtió en ferviente admiradora y defensora de su hermano.

La única posibilidad de salir adelante en medio de aquel maremágnum republicano era con un jefe único, una autoridad superior, alguien que se erigiese en conductor omnímodo y absoluto de la situación, y ¿quién mejor que Simón Bolívar, el Libertador presidente, su hermanito, para llevarlo a cabo?

Le insistió hasta el cansancio que se viniera, que dejara quietos a los peruanos, a los pastusos, a los bogotanos, y regresara a Caracas a poner orden, a someter a Páez y a todos aquellos rústicos y mal vestidos que acompañaban al llanero. Tenía que ser él quien salvara a Venezuela de aquel horror en que la habían convertido; tenía que ser él quien sujetase al insolente populacho, quien contuviese las aspiraciones y pretensiones de la pardocracia, quien metiese en cintura a las hordas armadas que resolvían a su antojo sobre lo propio y lo ajeno. Pero Bolívar no vino. No tuvo oídos para sus demandas y advertencias.

Después de los sucesos de La Cosiata en 1826, primer intento de disolución de la unidad colombiana, la incertidumbre se apoderó de María Antonia: ¿podía José Antonio Páez convertirse en el sucesor de su hermano? ¿Era posible tal atrocidad? Un llanero, sin maneras ni educación, ¿conductor de la patria de sus mayores?

La breve visita de Simón Bolívar entre enero y julio de 1827 no disipó sus angustias. Resolvieron los asuntos materiales de la familia; Bolívar repartió los bienes; dejó acomodados a todos sus dependientes, hermanas, sobrinos y allegados y se quedó, únicamente, con las minas de Aroa, el más jugoso patrimonio de la familia. Pero dejó en el mando a Páez. Horror de los horrores.

La inquietud y desolación se transformaron en sosiego y felicidad cuando se supo, en Caracas, que Simón Bolívar había asumido el mando supremo de la nación y se erigía en dictador de la República de Colombia, por decreto del 27 de agosto de 1828. Por fin seguía sus consejos, escuchaba sus advertencias, se diría María Antonia, feliz de que su hermano se dispusiera a gobernar sin ataduras para recuperar el orden y el concierto. María Antonia celebró el acontecimiento, salió a la calle con el retrato de Bolívar en sus manos, dichosa, segura, confiada en que las cosas cambiarían, incluso en medio de la República, si el Libertador presidente llevaba las riendas, *él solo*.

No duró mucho la tranquilidad de la señora Bolívar. La reacción contra su hermano no se hizo esperar. Por la prensa, en pasquines, en verso y en prosa, se atacó la dictadura. Su propia casa fue objeto de agresiones por parte de los adversarios y enemigos del Libertador presidente. Pensó, incluso, en huir de Venezuela, en escapar del incierto panorama que veía venírsele encima. En Valencia, la reacción antibolivariana devino en secesión de la República de Colombia, en desconocimiento del gobierno de Bogotá. El movimiento iniciado en Valencia fue seguido por Caracas y por pronunciamientos en todo el país. En noviembre de 1829, la ruptura con Colombia era un hecho. En mayo de 1830 se reunió el Congreso Constituyente en la ciudad de Valencia, el cual sancionó la creación de la República de Venezuela. Entre las resoluciones del congreso se acordó solicitar a la vecina Colombia la expulsión de Bolívar de su territorio para poder dar inicio a las negociaciones entre las dos naciones y se aprobó indultar a quienes participaron en el intento de asesinato de Bolívar ocurrido en Bogotá la noche del 25 de septiembre de 1828.

Como si todo esto no fuese suficiente, el 17 de diciembre de 1830 falleció su hermano en Santa Marta. Varios meses después, con la llegada a Caracas del general José Laurencio Silva, fue cuando María Antonia se convenció de que su hermano ya no estaba entre los vivos.

Para ese momento, la reacción contra Bolívar se había fortalecido: su nombre y recuerdo habían sido execrados y condenados al olvido. Páez y los suyos, dueños de la situación. Los bolivarianos, sus únicos y posibles aliados, en medio de aquella coyuntura, silenciados o expulsados bien lejos del territorio.

La desolación absoluta, el mayor desamparo, la orfandad política total: su hermano muerto, los bolivarianos perseguidos, Páez presidente y, para colmo, viviendo bajo el mandato de un orden republicano, sin privilegios, sin fueros, sin jerarquías, sin distinciones, como una simple ciudadana, igual al resto de los mortales

Un pequeño respiro tuvo María Antonia cuando empezaron a llegar algunos de los más fervientes aliados de su hermano. A su sobrino político, el general Pedro Briceño Méndez, casado con Benigna, la hija de Juana, su hermana, lo nombraron jefe político en Ocumare del Tuy, en 1833; al año siguiente, ingresó al Congreso como senador y en las elecciones de 1835 fue elegido diputado por Caracas. El general Diego Ibarra, estrechísimo colaborador del Libertador, exiliado en Curazao desde 1830, volvió a Venezuela en 1833 y se reincorporó al Ejército con su mismo grado de general. También retornó a Caracas el general José Laurencio Silva, casado con otra de sus sobrinas, Felicia, y uno de los que acompañó a Bolívar en su lecho de muerte; en 1831 estaba en la capital pero no ocupó cargo alguno. El general Rafael Urdaneta, aliado indiscutible de Bolívar en los años difíciles de la dictadura, se instaló en Coro, ajeno a la vida política, y el general Justo Briceño, refugiado en Jamaica durante varios años, cuando las condiciones se lo permitieron, regresó a Venezuela y se estableció en Caracas.

Si bien ninguno de ellos tuvo participación directa en el alto gobierno, tenían prestigio y presencia como figuras indiscutibles de la gesta independentista y mantenían estrechas relaciones con destacados oficiales y representativos funcionarios del régimen de Páez, de manera que, a la hora de cualquier eventualidad, podían resultar de apoyo.

En julio de 1835, el estallido de la Revolución de las Reformas puso en guardia a María Antonia Bolívar. Todo resultaba muy extraño. Se encontraban en la asonada los más conspicuos representantes del partido bolivariano: los generales Pedro Briceño Méndez, Diego Ibarra, Justo Briceño, José Laurencio Silva, antiguos y estrechos aliados del Libertador, asociados con sus más feroces enemigos. Nada más y nada menos que Pedro Carujo, uno de los que participó en el atentado septembrino, y Santiago Mariño, con quien su hermano había tenido, históricamente, fuertes enfrentamientos desde la época temprana de la independencia, cuando este se negaba a aceptar la jefatura suprema del Libertador, llamándose a sí mismo Libertador de oriente; el mismo que había intentado establecer un gobiernillo en Cariaco; el mismo que había apoyado sin ambages el movimiento separatista. Resultaba francamente incomprensible que estuviesen reunidos y amigados el aceite y el vinagre; juntos en una misma revolución los más feroces enemigos de un lustro atrás. Sin embargo, podría constituir un cambio, el regreso a una situación más llevadera en la cual, por lo menos, la memoria de su hermano y quienes todavía eran sus partidarios pudiesen tener una mayor presencia en los destinos del país.

El desenlace de los sucesos dejó nuevamente a María Antonia en situación de precariedad y abandono político. Fue José Antonio Páez quien sometió la rebelión, lo cual consolidó aún más su poder y su prestigio: Páez y sus aliados, otra vez, dueños absolutos de la política. Pero esto no era todo. El fracaso de la revolución fue de tal magnitud y la reacción contra los reformistas de tal envergadura que quedaron extrañados de la vida política venezolana. Por la prensa se pidió que fuesen ejecutados, que se les condenase a muerte, que se castigara con todo el rigor de la ley el desconocimiento y la traición al legítimo gobierno. «Rayos de exterminio contra los enemigos de la Constitución» clamaba el *Correo*, un periódico de Caracas. No valieron los llamados a la cordura, a la indulgencia, a la negociación, al entendimiento por parte de los más moderados. El presidente José María Vargas, depuesto por los reformistas y vuelto a colocar en la Presidencia por Páez; el ministro de Relaciones Exteriores y de Hacienda, Santos Michelena, quien incluso renunció a la cartera para manifestar su desacuerdo; liberales reconocidos del país, como Tomás Lander, insistieron en que era prudente y necesario atemperar las pasiones; pero no hubo caso. El Congreso aprobó castigar severamente a los facciosos expulsándolos del país, a unos de manera perpetua, a otros por diez años; despojarlos de sus grados militares y quitarles los beneficios que recibían como oficiales de la República. Los opositores condenaron la resolución y la calificaron de «decreto monstruo».

Pedro Briceño Méndez no se vio afectado por la medida de expulsión: falleció en Curazao en diciembre de 1835, antes de que se sancionara el decreto. Justo Briceño y Diego Ibarra se mantuvieron en el exilio, mientras que el general Silva no fue expulsado, pero quedó en una posición de bastante minusvalía política y, por supuesto, sin mayores influencias por su comprometedora participación en las Reformas.

Dicho todo esto, queda bastante claro que, cuando ocurrió el episodio del robo y todo el jaleo del juicio, María Antonia Bolívar estaba sola y desamparada políticamente. No tenía dolientes y los que hubiesen podido ocupar esa condición estaban muertos, expulsados o fuera de juego; tampoco su condición de hermana del Libertador la ayudaba; no resultaba ventajoso apoyarse en su extinguido y abominado prestigio, mucho menos en un momento en que sus seguidores habían sido condenados y expulsados del país por traidores.

A ello se suma que, tanto el abogado Juan Bautista Carreño como el juez Juan Jacinto Rivas eran expresión de los nuevos tiempos que corrían en la vida política de Venezuela; ambos estudiaron en la Universidad cuando ya había concluido la guerra.

El juez Rivas se graduó de bachiller en Artes en 1825 y luego de abogado, entrando en la carrera judicial después de 1830, en tiempos de la República de Venezuela; se mantuvo vinculado a la administración de justicia republicana en los años siguientes, como miembro de la Corte Superior del tercer circuito y luego como relator de la Corte Superior de Caracas; también fue diputado al Congreso Nacional en distintas legislaturas y miembro del jurado de imprenta en 1841. Era, pues, un hombre que no tenía vínculos con el pasado colonial ni con la épica independentista. Se trataba de un funcionario de aquella República que apenas comenzaba a fundarse, de lo cual, por lo demás, dio fehacientes evidencias a lo largo del juicio y, particularmente, en el último episodio, cuando redujo y sometió a la arrogante y soberbia señora Bolívar.

Igual circunstancia se aprecia en el abogado Juan Bautista Carreño; graduado en la Universidad de Caracas, en Derecho Civil, el año 1833, se ocupó de ejercer el Derecho como abogado litigante. Poco tiempo después de que concluyó el caso de Padrón, en noviembre de 1836, Carreño fue nombrado juez de primera instancia. Luego, al igual que Rivas, fue diputado al Congreso Nacional en varias ocasiones.

Tampoco Carreño se dejó intimidar por la presencia o antigua prosapia y figuración de la señora Bolívar. En el transcurso del pleito, cumplió con su trabajo de abogado defensor, se alineó y fue enteramente leal a su defendido, acorraló y dejó en evidencia a la Bolívar, particularmente cuando insistió en demostrar su amorío con el acusado, lo cual, aun cuando no fue tomado en consideración por el juez al dictar sentencia, dio cuenta, ante el público y la sociedad toda, de que María Antonia Bolívar no tenía el poder económico ni la influencia política para torcer la verdad, para imponer sus designios, para mentir de manera descarada acusando a José Ignacio Padrón de ladrón y que podía salir con las tablas en la cabeza, como ocurrió. Una adecuada e

imparcial administración de justicia absolvió a Padrón y condenó a la señora a Bolívar a pagar las costas. Las mismas leyes y
procedimientos judiciales la absolvieron, dos años después, de
esta resolución, ajustándose a lo que fijaban los estatutos jurídicos de la República.

En el desarrollo del juicio y en su desenlace final, no tuvo
incidencia la visible y más que holgada posición económica de
María Antonia Bolívar. Para nadie era un secreto que la señora
Bolívar era un mujer rica, no solo por el monto robado, sino
porque ella misma se encargó de hacerlo público al afirmar que,
en más de una ocasión, había tenido más de 10.000 pesos en
su poder; también cuando hizo mención a la cuantiosa suma
que recibió por la venta de las minas de Aroa. A ello se añade
el conocimiento que se tenía en la ciudad de otras propiedades
pertenecientes a la señora Bolívar. Era del dominio público que
era dueña de una muy buena casa en la esquina de Sociedad, que
tenía otra de descanso situada en la parroquia La Vega, en el sitio
llamado el Empedrado, además de un trapiche con numerosos
esclavos en Macarao, varias casas en La Guaira y también el trapiche y la hacienda cañífera de San Mateo.

Esta patente y acomodada posición económica quizá pudo
incidir o tener algún peso en el testimonio de varios de sus testigos.
Esto quedó claro y evidente en el caso de la pobre zamba María
Lorenza, quien declaró ante el juez haber recibido una regalía
de la señora Bolívar por hacer el mandado en la casa de habitación de Padrón. Podría pensarse entonces que también pudieron
verse beneficiados con alguna *regalía* otros de los declarantes,
por la inconsistencia en algunos de los testimonios, como fue el
caso de Irene Aponte, cuando afirmó que Padrón le regaló 500
pesos, habiéndola visto apenas dos veces en su vida, a cambio de
nada y entregándoselos por la ventana. ¿En qué cabeza cabe tal
desatino? O las declaraciones de los señores Bigott y Bermúdez
quienes, por el simple hecho de ver a Padrón merodeando la casa

de María Antonia, concluyeron, de una vez, que había sido el ladrón; o aquellos que, sin tener cercanía ni amistad con el acusado, secundaron a María Antonia en su sospecha, afirmando que, como estaba haciendo algunos gastos fuera de lo común, esto lo convertía automáticamente en el autor del robo. Cabe pensar entonces que, en las declaraciones de algunos de ellos, pudo tener alguna influencia el hecho de que María Antonia, a través de alguno de sus sirvientes o paniaguados, les haya ofrecido alguna *regalía*, a fin de que atestiguasen en contra de José Ignacio Padrón, de lo cual obviamente no hay la menor prueba; es simplemente una suposición, una posible presunción.

Ahora bien, lo que sí queda al descubierto de manera ostensible durante el juicio es la notoria distancia económica que separaba a la acusadora del sospechoso. Esto se evidencia de manera palmaria en las declaraciones de Padrón, en el contenido de las cartas de María Antonia y en sus respuestas ante el tribunal.

El mismo Padrón deja ver que su situación económica cambió y mejoró notablemente cuando empezó a trabajar para la señora Bolívar y, mucho más, cuando dejó de ser su empleado para pasar a tener un «convenio privado» con ella.

Resulta verosímil pensar que, al comenzar a trabajar como dependiente de María Antonia Bolívar, al conocer de cerca la holgada posición económica de la señora, su solvencia, sus haberes, sus propiedades, sus recursos, vio que allí había un atajo o un mecanismo expedito mediante el cual podría verse favorecido en sus condiciones de vida. La ocasión era propicia para dar un salto cualitativo, ascendiendo de la condición de *ayudante accidental* a la de *amante furtivo* de la señora Bolívar, un vínculo más estrecho y provechoso, sobre todo en lo económico, que el de un simple empleado, pero con demandas más comprometedoras y exigentes que satisfacer.

Cabe considerar que, muy rápidamente, empezó a mostrar interés por sus asuntos, a hacerse imprescindible, a buscar ocasiones de mayor proximidad, a propiciar acercamientos en actitud galante, seductora, buscando vencer su resistencia, su temor, su desconfianza, poco a poco, de manera persuasiva, insistente, hasta tenerla entre sus brazos y más cerca aún, íntima, seducida, reducida, entregada, perpleja.

O al revés. Que María Antonia Bolívar, al conocer a José Ignacio Padrón, peinetero, joven, educado, fuerte, bien dispuesto, lo llamara a su servicio y muy rápidamente se interesara en él, comprometiéndolo poco a poco con regalos, prebendas, oportunidades, negocios, beneficios; despertando su ambición, mostrándose generosa, solícita, cariñosa, afectuosa, para tenerlo cerca, próximo, a la mano, en su casa, de día y de noche, a su servicio, todos los días, sintiéndose así acompañada, apoyada, servida, tranquila, segura.

Haya sido producto del interés de María Antonia o de la ambición de José Ignacio, o una combinación de ambos, lo que determinó la proximidad afectiva entre los dos, lo cierto es que la situación económica de Padrón cambió notablemente después de entrar en tratos con la Bolívar. Ello no quiere decir que no tuviese recursos con qué vivir, que fuese un «sin camisa», como se decía entonces, o un «pata en el suelo» como diríamos coloquialmente en la actualidad. Quedó demostrado en el juicio que se defendía fabricando peinetas, vendiendo pajaritos y haciendo negocitos; también que no tenía casa propia y que vivía en una pieza alquilada en el Empedrado. No era, pues, un joven en situación económica boyante, ni en perspectiva de serlo.

Esta relativa precariedad económica se modificó después de que conoció a María Antonia, empezó a trabajar para ella y se convirtió en su amante. Fue a partir de ese momento cuando pudo darse algunos gustos que antes no se daba, como tener espuelas de plata, comprar una guitarra, adquirir un buen reloj, hacerse ropa a la medida, ser dueño de una mula de silla y tener sirvientes a quienes mandar. Tampoco con anterioridad estaba en posibilidad de entrar en el negocio de compra y venta de vacas, obtener un solar o montar una posada, aunque fuese sencillita y sin lujo, como lo hizo un mes antes de que fuese acusado de robarse 10.000 pesos.

No hay manera de corroborar o afirmar tajantemente si lo que ocurrió entre los dos estuvo determinado por la ambición de Padrón, quien buscó aprovecharse de María Antonia para salir de abajo a mayor velocidad, o si fue ella quien, mediante argucias, beneficios y presiones, lo puso en el disparadero de aceptar sus solicitaciones amorosas.

Lo que sí está claro es que quien resolvió poner fin al convenio privado entre los dos fue Padrón, porque se cansó de la situación, de las presiones, exigencias y demandas de María Antonia; porque se enamoró de la mulata del Empedrado o, sencillamente, porque teniendo instalada su posada, lo que quería era hacer su vida, sin ataduras ni compromisos. También resulta bastante plausible que el rechazo, la indiferencia, el abandono de Padrón, su interés por las señoritas o *la* señorita del Empedrado, despertaran los celos, el despecho, la rabia, la ira, la arrogancia y la soberbia de María Antonia y la llevaran a denunciarlo por ladrón, acusándolo de haberle robado 10.000 pesos, persuadida de que unos días en la cárcel y el temor a ser condenado a cinco o más años de prisión y a recibir 100 azotes de dolor lo harían rectificar y regresar a su lado. Así ocurría en el pasado y, perfectamente, podía seguir ocurriendo en 1836, se diría María Antonia.

¿Qué le quedó a cada quién de este embrollo? ¿Cuáles fueron las consecuencias de este episodio para él y para ella? ¿Qué puede decirnos esta historia, referida a la vida afectiva, las emociones, necesidades, expectativas y carencias de estos dos venezolanos tan distintos, con vivencias tan diferentes, como José Ignacio Padrón y María Antonia Bolívar, sobre el momento que les tocó vivir?

Lo primero que salta a la vista es que Padrón, más allá de las semanas que pasó en prisión, salió con bien, tanto del juicio que se le siguió por ladrón, como del convenio privado que tuvo con María Antonia Bolívar. Del primero, fue absuelto totalmente, sin costas ni perjuicios; y de lo segundo, tampoco le fue mal: concluyó de un todo su amorío con la señora Bolívar y le quedaron la posada con todos su trastos, los dos sirvientes, la mula, el reloj, las espuelas, la guitarra, algunas monedas de oro y los diversos regalos que ella le dio: pañuelos, camisas, daguitas, relicaritos, medallones, etc., a los cuales, después de aquel escándalo, seguramente podría sacarles algún partido.

No puede decirse lo mismo de las resultas que tuvo para María Antonia el episodio judicial ni su romance con Padrón. Del juicio, como ya se dijo, salió con las tablas en la cabeza: un desastre total. No pudo demostrar la culpabilidad de Padrón y fue condenada a pagar las costas e impuestos en la sentencia inicial, de lo cual fue absuelta dos años después. No obstante, lo más dramático, lo más costoso de todo el episodio, lo más bochornoso y escandaloso fue que se ventilara a los cuatro vientos la existencia de su amorío con un sujeto no solamente muchísimo más joven que ella, sino de inferior condición social y de ninguna calidad y que este, además, la hubiese dejado plantada por una mulata del Empedrado…

Para los cánones sociales y morales de la época se trataba de una transgresión *inadmisible*. Por mantuana, por blanca, por rica, por ser de la familia Bolívar y Palacios, y además *viuda* y de Clemente, María Antonia había cometido una ofensa atroz contra el honor y consideración de los suyos. Y, por ello, fue condenada y reprobada de manera contundente, pero silenciosa, tanto por sus familiares como por su entorno social. Nadie de su familia estuvo a su lado, nadie declaró, nadie la acompañó: ni su hija Valentina Clemente, ni sus hijos varones, Anacleto y Pablo Secundino; tampoco su hermana Juana o sus sobrinas, Benigna, viuda de Briceño Méndez, o Felicia, mujer de José Laurencio Silva; o Josefa Tinoco, la madre de los hijos de Juan Vicente

Bolívar. Tampoco estuvieron allí sus primas Ribas o alguno de sus primos o de sus tíos Palacios. Ningún pariente se acercó al tribunal o formó parte de la querella: el único a quien María Antonia colocó en las listas del tribunal fue al general José Laurencio Silva, pero no se presentó.

Los mantuanos de Caracas también se mantuvieron al margen: nadie de la familia Ibarra, tan cercana, las hermanas de Diego Ibarra –quien fue edecán del Libertador, por ejemplo–, asistió o declaró en el tribunal. Igual ocurrió con la distinguida estirpe de los Rodríguez del Toro. Gertrudis, su amiga, no dijo ni una palabra; tampoco el marqués del Toro, quien contaba con la amistad del general Páez y todavía gozaba de alguna influencia; ninguno de los Tovar, Martín, o su esposa Rosa Galindo, tuvo algo que decir en su favor. Silencio absoluto. Distancia total. Íngrima y sola estaba María Antonia frente a los de su clase. No podían admitir, bajo ninguna consideración, que una mujer como ella, viuda, adinerada, blanca, criolla, principal y con cincuenta y siete años a cuestas tuviese la inconvenientísima ocurrencia de enredarse con ese tusa, un peinetero, de la calle, pobretón y miserable, como ella misma lo calificó en sus escritos al tribunal. Un hombre capaz de cortejar a una mulata.

En la sociedad de entonces, una mujer de la calidad y de la edad de María Antonia no podía ni pensar en tener un romance o amorío como el que se ventiló en el tribunal caraqueño. Una señora de su edad y condición, al enviudar, tal como estipuló Vives en el siglo XVI, debía olvidarse de la vida mundana, de los placeres de la carne, de los afeites y adornos, y dedicarse a la oración, a su hogar, a sus nietos, a sus hijos y a la caridad cristiana.

En tiempos republicanos, como se vio en la sentencia, todavía tenían vigencia las Partidas de Alfonso X el Sabio, sancionadas en el siglo XIII, y la Novísima Recopilación de Indias. Ninguna alteración se había producido en la vida civil y jurídica de la mujer; con mayor razón debían seguirse, sin chistar, los mandatos de la cristiandad, la ruta señalada por los santos apóstoles, organizada de manera aleccionadora por el teólogo valenciano.

También sabemos que estas normas eran transgredidas en tiempos republicanos y también durante la colonia. De manera pues que un romance como el que sostuvieron María Antonia Bolívar y José Ignacio Padrón perfectamente pudo haber sucedido en tiempos de la colonia, por ejemplo. De hecho, en el caso de María Antonia Bolívar, después de muerta se dijo que había procreado dos hijos adulterinos, de lo cual no se mencionó ni una palabra mientras estuvo viva.

De allí que en el caso de que este amorío hubiese tenido lugar muchos años antes, durante la colonia, con toda seguridad, la condena moral y social habría sido la misma. Los blancos principales no hubiesen admitido una contravención de esa magnitud por parte de una mujer de la calidad y posición de María Antonia Bolívar, bajo ningún concepto.

No obstante, el desarrollo y desenlace del pleito muy probablemente se hubiera conducido de otra manera, sin tanta alharaca, sin tantas pruebas, sin tanto escándalo. Tranquilamente, como ocurrió en otros sonados casos de la colonia, cuando quedaba en entredicho el honor y reputación de un conspicuo representante de las familias principales, la causa hubiese concluido favoreciendo al poderoso y el pobre Padrón se hubiese muerto de mengua en la cárcel.

Así se hizo, por ejemplo, cuando Juan Vicente Bolívar, el papá de María Antonia, fue denunciado por mantener comunicaciones carnales con indias de doctrina, sostener comercio sexual con mujeres casadas y tener tratos ilícitos con algunas de sus esclavas. Todas las transgresiones juntas y al mismo tiempo. Las medidas tomadas por el obispo Díaz Madroñero fueron quitar del medio a las doncellas, depositar a las adúlteras en un convento y conminar al pecador a cesar en su desenfreno. Cuando quiso ir un poco más allá, el poder y las influencias de don Juan

Vicente lo impidieron. No hubo quien estuviese dispuesto a ofrecer testimonios contra el teniente y justicia mayor de San Mateo «… mozo, poderoso, voluntarioso y con valimiento», mientras siguiese siendo la máxima autoridad del lugar. El suceso ocurrió en 1765 y ha sido estudiado por Elías Pino Iturrieta en su libro *Contra lujuria, castidad*, publicado por esta misma editorial.

En la misma obra se analiza otro caso, sucedido tres décadas después, en 1795. Se trata del crimen de sodomía del cual es acusado un sacerdote franciscano, el fraile Joaquín de Castillo-Veitía, de blanca estirpe y sangre limpia. El suceso llegó a manos de su Majestad, el rey Carlos IV, quien ordenó *perpetuo silencio* sobre la causa. Otra manera expedita de poner fin a un escándalo cuando los involucrados eran poderosos y miembros de la blanca sociedad.

En cierta medida podría afirmarse que el caso de María Antonia y Padrón también fue condenado a silencio perpetuo, como se hacía en tiempos de la colonia. Básicamente porque más allá del chismorreo y comentarios que suscitó el escándalo en su momento, no se escribió nada sobre el asunto. Ningún libelista de la época hizo mención del hecho, por la prensa o en escritos posteriores, ni siquiera los más fervientes liberales, enemigos del Libertador. El único que se ocupó del episodio, como se vio al comienzo, fue el cónsul inglés, sir Robert Ker Porter, quien deja ver muy claramente su juicio y opinión adversa a María Antonia al referirse a ella de manera irónica y mordaz como «una joven de 60 años» y luego, al final del párrafo, cuando la llama *Madame* y expresa la situación tan desairada en la cual quedó al exponer sus amoríos ante el mundo caraqueño. Este último comentario no hace sino ratificar lo que se ha afirmado en otros momentos de este libro respecto a la opinión generalizada de rechazo que despertó este escándalo en la sociedad caraqueña. Además, el texto de Porter era un diario personal, privado, cuya publicación se hizo en 1966, cuando habían transcurrido 130 años de los sucesos.

Seguramente el silencio que imperó durante todo este tiempo sobre el caso de María Antonia y Padrón está asociado al hecho de ser un asunto de la vida privada, afectiva, doméstica, ajeno a las circunstancias políticas del momento. Por tanto, no constituía materia fundamental de interés para la prensa, ni formaba parte del debate político de entonces, independientemente de que estuviese de por medio una figura como la de María Antonia Bolívar.

En 1836, transcurridos pocos años del inicio efectivo de la vida republicana, luego de una guerra devastadora y de la disolución definitiva de la unidad colombiana, es posible advertir cambios sustantivos en la sociedad venezolana. Aun cuando perviven las leyes antiguas y se evidencian las fortalezas del mandato moral de la cristiandad, no ocurre lo mismo o no permanece inmutable la presencia política, el control social, la omnipotencia y hegemonía *exclusiva* de los blancos criollos, de los mantuanos caraqueños, tal como se expresaba y sostenía a finales del siglo XVIII y comienzos del XIX. Lo hemos afirmado en otras oportunidades. El proceso de independencia, la ruptura con la monarquía, la instauración de un orden republicano, la sanción del principio de la igualdad, la abolición de los fueros y privilegios, representaron la alteración del orden antiguo fundado sobre el principio del honor y la práctica de la desigualdad, sostén esencial del predominio de los blancos criollos, de la llamada nobleza caraqueña. Esta consideración está desarrollada en mi libro *El último marqués*, publicado por la Fundación Bigott el año 2006 y también, con mayor amplitud, en mi tesis doctoral, editada en 2009 por la Universidad Central de Venezuela y la Academia Nacional de la Historia bajo el título *El marquesado del Toro (1732-1851). Nobleza y sociedad en la provincia de Venezuela*.

En la República no fueron los mantuanos quienes figuraron en primera línea o condujeron de manera absoluta o preferente los destinos del país. El caso del marqués del Toro es emblemático: firmante de la Declaración de la Independencia y primer general de la República, no tuvo participación destacada a partir de 1830; tampoco Mariano Montilla o Miguel Ustáriz y muchos otros que, al igual que ellos, fueron protagonistas esenciales de la independencia por su condición de mantuanos y luego perdieron toda figuración y relevancia política. La nueva realidad se impuso y se vieron obligados a presenciar los toros desde la barrera o a compartir el poder con otros actores, sin blasones ni hidalguía: José Antonio Páez, por ejemplo, un llanero del común; Antonio Leocadio Guzmán, hijo de un carcelero y una mujer de extracción popular; el mismo Tomás Lander, liberal de formación y convicción, así como muchísimos otros que ocuparon la escena republicana, verbigracia: el abogado Carreño y el juez Rivas.

Este descalabro, esta alteración, se expresó de manera todavía más dramática en el caso de María Antonia Bolívar, una mujer que se fue quedando sola. Sola en su condición de mantuana porque, como todos los de su calidad, dejó de gozar del predominio y privilegios que les otorgaba su origen; sola en sus convicciones monárquicas, porque se impuso un nuevo sistema regido por los parámetros y exigencias de un orden republicano; sola por ser hermana de Simón Bolívar, el Libertador, en un momento y circunstancias en que su nombre constituía un estigma político; sola por ser una mujer que a los 57 años no se conformó con el desamparo, la soledad y la tristeza de la viudez y buscó compañía, afecto y amistad en José Ignacio Padrón, un fabricante de peinetas, de veintidós años, delgado, nariz chata, color amarillento, pelo crespo, sin barba, sin blasones ni hidalguía.

Después de concluido el juicio, María Antonia se convenció de que no estaría otra vez con Ignacio. Vivió el resto de su existencia sola, triste y desamparada, como correspondía a una viuda, criolla y principal.

LAS CARTAS

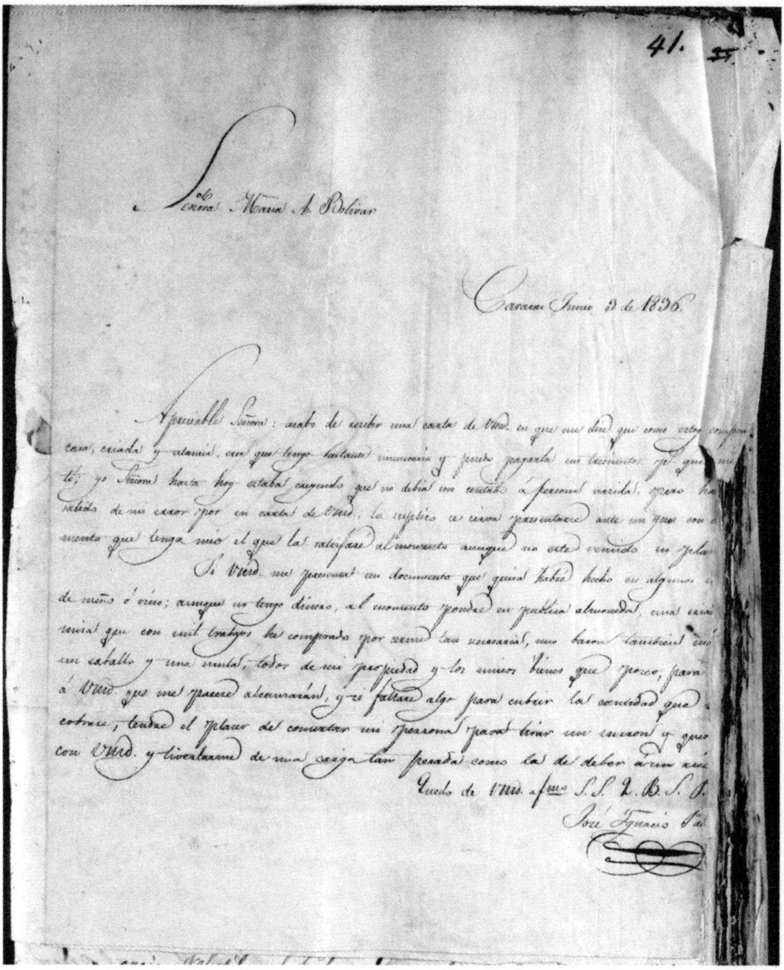

41.

Señora María A. Bolívar

Caracas Junio 3 de 1836.

Apreciable Señora: acabo de recibir una carta de Vmd. en que me dice que como estoy compr[illegible] casa, criada y estancia, con que tengo bastante numerario y puedo pagarle en [illegible] que me [illegible] te; yo Señora hasta hoy estaba creyendo que no debia un centavo á persona nacida, pero he salido de mi error por su carta de Vmd. le suplico se sirva presentarse ante un Juez con el [illegible] mento que tenga mio el que la satisfaré al momento aunque no esté vencido su plazo

Si Vmd. me presenta un documento que quizá habré hecho en algunos [illegible] de sueño ó vino; aunque no tengo dinero, al momento pondré en pública almoneda, una casi[illegible] misma que con mil trabajos he comprado por serme tan necesaria, una baca también con un caballo y una mula, todos de mi propiedad y los únicos bienes que poseo, para á Vmd. que me parece alcanzarán, y si faltare algo para cubrir la cantidad que cobra, tendré el placer de conchabar mi persona para tener un [illegible] y que con Vmd. y libertarme de una carga tan pesada como la de deber á un [illegible]

Quedo de Vmd. afmo. S.S. Q.B.S.P.

José Ygnacio [illegible]

Carta I

42.

Señora María A. Bolívar

Caracas Junio 2 de 1836.

Muy Señora mía: siendo así que V.ª mantiene en su poder un recibo ó pagaré hecho y firmado de mi mano y asegurado con testigos, quiero identificarme de ello pues estoy persuadido que si lo he hecho ha sido indevidamente pues no me acuerdo de haber recibido tal cantidad, ni creo á V.ª capaz de prestar trescientos pesos sin premio ó hipoteca.

Sin embargo V.ª puede endosar dho documento á cualquiera persona para que esta haga las veces de V.ª y yo si reconozco mi firma pagaré inmediatam.te con todos mis bienes, y aunque, vuelvo á decir, no he recibido nada de V.ª, me aplicaré aquel dicho, y á tanto fíames, á cuanto estás obligado" yo quedaré obligado á servirme por mí mismo, pero me haré cargo que nací al mundo en cueros, mis brazos están robustos, y que por bien poco compro una experiencia ateano—

Soy S. S. S.

Jne. Ygº. Padron—

CARTA 2

Señor Antonio Pérez

Caracas Setiembre 20 de 1830

Muy señor mío: Debo advertir y hacer presente á V. que en
secuela al robo que se me hizo el 19 de Abril, y considerando siempre que
no podía ser otro que José Ygnt. Padrón, según todas las mismas, con lo
cerró la precaución de llamar á mi casa á una samba bieja llamada
de Lorenza de la casa del dicho Padrón, y la encargué como le encargué
examinase é indagase del modo que le fuese posible, si le oía rezar ó algunos
buenos de uno de mi hermano Simón Bolívar que estaban dentro del saco,
y en efecto, á pocos días de su encargo se me apareció en casa dicha samba bolbiendome dos de los buenos que me dijo había encontrado, junta
con la llave nueba y acompaña y sin duda fué con la que me abría
la puerta de la calle, pues aun que grande hecha de algún aprendiz
le sirve á la cerradura exactamente según lo vera el Tribunal, de
cuyas rentas quité la cerradura y también remito con la persona y llave bieja y puse otra en su lugar. Dejo los dos buenos en mi poder
y esto la samba Lorenza salió de la casa de Padrón y vive por
Santa Rosalía que me será fácil proporcionar su encuentro y a
manda llamar ó viene con un ministril. Digo esto por que tal hecho
se es parece esencial del cuerpo del delito conviene, y no quiero se
omita nada en la averiguación que está haciendo la justicia, y de
que no habrá dado denuncia anteriormente por que la dicha Lorenza
se encontraba fuera en Barquisimeto y ahora ha vuelto.

Dios que V. m. años Mª Antª Bolívar

A la vuelta —

CARTA 3

Señora María Antonia Bolívar

Como Juez de primera instancia encargado de administrar justicia no recibo cartas particulares, ni puedo oir a las partes en otro lugar que en el mismo Tribunal. V. puede presentarse demandando a la voz o por escrito, y entonces está V. segura de que haré todo lo que me corresponda en cumplimiento de mis deberes; entretanto yo devuelvo a V. las dos Bultos con las llaves y cerraduras, para que si V. quiere sean presentados de una manera legal.

Como Juan Jacinto Rivas soy de V. muy respetuoso servidor Q. B. S. P.

Juan Jacinto Rivas

CARTA 4

Miancio, oracias à dios, y al
que mebuelto à caracas en
perfecta tran quilidad, soy
feliz para siempre, y no se
ma q. nada demi: Jamas
lo molestare; y este q. sierto
que siempre que pueda lo
cobire: El dinero para la pul
peria selo daria gusto sa.
sino temiera, que corria
la misma suerte quetodo
lo que te hedado para su
a delanto: hagame las dos

CARTA 5 (A)

peynetas una p.ᵃ Josefina
con su nombre y otra p.ᵃ
Trinidad mandacmelas y
dicieme su balor. Soy co-
mo siempre de V. servidora
y muy feliz A.

CARTA 5 (B)

P. d. no medebe ningunos
jabones, pues todos estan
pagados con su carta de hoy.

Yo tengo un gran en
peño en que d. cuide
de à qui, por qe ya no
dejan peyso, en este
empedrado que no me an
guisado, con d. las Serondas
d a Conapción, la cuña las
Gimenez, y la Alamo.
Sea d. Sirenze Justo mo
tibo, para no querer qe.

CARTA 6 (A)

4. vita à qui, Le doy por
el termino de dos años,
diez p. todos los me ces,
para que pague la casa
y aun que yo le de esto, y
qual quiera otra cosa,
no crea q. que es para
obligarlo a que me
trate; No hay nada de
eso: Somos libres para
a cer cada uno lo que
quiera sin agra biarnos
La nula ce la varia son
paga alguna Sr Pablo no

CARTA 6 (B)

me la ubiera perdido ya no
es mia, Yo soy siempre
su amiga y lo protege
re siempre que lo crea
en necesidad, pero no
Juegue, por que eso me
des con sulsa mucho,

Digame que dice el
letrero de la peyneta
y adame dos mas co-
mo esta pero mas chi-
cas y sin letro Adios
que me boy a la Ciudad

Abiseme lo que balean
las peynetas que las ne
sesito p.a el 20 de mayo

CARTA 6 (C)

P. Necesito las dos peynetas, para el 25 de Mayo, sin falta. digame si cuesto con ellas Ygualmente, Si me conpone el letrero de la ... ria, por que esle claro. Es de Ynnacia Maria, Antonia, Bolivar, Sino la conpone no mela puedo poner, y à demas el una mentira que puso el que la hiso

CARTA 7

Antes de hir a la come-
dia hablare con V. a la
oracion Sin falta y
contesare a la bos ros
ros papeles

CARTA 8

Amigo reciví su carta que traxo el correo y conoserá y a
hora digo que vengo ya conseguida la casa y tiene
piesas, sala dormitorio 3 quarto cabaleriza y co
sina, si V. la quiere a bice y sino para no
tomarla, esta la vela el correo, con el mi
mo que puede contestar: Asta aora me
babiru estoy contenta, y no trato sinode
divertirme, para el sirco de Julio, ce que
pasan muchas cosas, beremos que hay.
     Soy de V. como siempre afectoa servidor

formano de Borgas escribi a V. con el sobre a su madre

CARTA 9

Al decir d. tenia conseguida la casa, y solo es pero su contestacion para de liberar sobre eya. A mi me parece que tino ha de estar al oun tienpo à qui, es es losado la casa, pues para pocos dias el mejor no mos llebatta, Yo he comprado una muy bonita, con animo de permanecer algun tienpo à qui, pues me ha sido muy bien de salud, y estoy conten ta. lejos de cosas de sacadabes, que mor tifican de marido mi espiritu: conserve con este por tador que el seguro por que hay tres o quatro que quieren tomar la llabe: Adio

Si su madre de d. biniere le daze be sia ensillada y lo demas q. necesite Esta estaba el criba quando recibi ultima.

CARTA 10

Carta ii (A)

CARTA II (B)

57bre 59.

Milexacias por el papel, di-
came lo que bale, man-
derme la carra de Ca. que
me la ofreció. Supuesto
que s. dan en 800 a la criada, óoan la escritura
a fabor de d. Teresa por
nanos que vive en Baxqui-
simero, y del dinero caxre
bajaxan los costos y salgan
fdesi: Quando benoan las
bacas abice para que las
bayan a escrivir. Busque
me si puede 25 onza por
... carra

plaça y dispensa mis mo
lestas, Adios que tele mucha
felicidad, como te deseo

CARTA 12 (B)

No tengo onzas de ninguna clase, por eso las busco donde puedo en contarlas, y estoy ya formando un capital a para quando buelba o x limpio a yebarcelas, que tal en cuenbe listas aun que no las dare buoar; por que antes me lire yo a figrar tablas al Noxte, y es el animo con que estoy to _ miçando Dinero en hoxo, paxa berificarlo: mitoxa las por el papel: Sobre los xiaxor hagans... lo que ousten guando memande La caxta

mandeme tanbien todos los
papeles que tenga y así como
Lanatividad a desaparecido
de saparesca lo demas pues
el tiempo ya de arreglarlo
todo. Hiciereme las onzas
entre sus conosidos mire ge
las necesito. Sirbame de aloo
nosea heoysda. Para ma
ñana ó esta tarde tendra
la bestia

CARTA 13 (B)

P. 4. edesoraiado por que
a querido, à preferido si
six, en el enpetrato, a
mi amistad, 4 mismo
a recaexdo repetidas be
ces, y con su el ponza
nea, boluntad, su desora
ia, y mi felicidad. que
no abia creydo nunca
con seouir, àsta que me
he bisto, poaeyendola, y

CARTA 14 (A)

di frnzando de mi ansi-
gua tranquilidad;

O nadie tienes! que que
sabe, sino à su niño una
xxxeccion, y modo da
obrar, con niño, la uni-
ca, que à echo sacrifi-
cios, de todos modos, todo
por con placerla; à quien
à quien. àl mas xxx de
los nacidos f. pero somos
ya libres, libres, Su p.ra
siempre f. de mi y de
f. Le beso por lo mas

Carta 14 (B)

saorado, que es la San
tiisima Trinidad, que
Jamas bolbere a arras
trar las cadenas, que
dies meses soporte
por t.

Benda a Lorena y con
pre otra criada
que era huyda

Pase bien de picador
Barbariza puede acer
lo afortunado y feliz

A salido de casa el mayor
domo por la mentira y la
posicion que hiso. Me boy a con
poner mis casas... Y pueda
contar con lo que pueda cir
bixle, no siendo dinero, por
qᵉ al precente no lo
tengo, pero lo tendre en
el tiempo primero Dios.

Tenga suyas yno ce olbide
del consejo que le di, yo no
tengo ni ninunno
ni quiero. Cacece V. loniasla
pronto para que viva feliz
                    Adios
El año pasado era hoy su amada
protectora, y sera su demonio

CARTA 15

Remito el pañuelo para
que haga lo mismo que
con la trinidad: Caracas,
y adios le pido, lo hago fran
liz, y use el jujio, que
necesita, para que se ca
se con una y no con dos
cientas, que tiene ya
pedidas, pues de ese mo_
do, se hace la buelta de
todas: Tengo listo el pa-
pel para mañana
Hágame el favor de prestar

Carta 16 (A)

CARTA 16 (B)

V. xxxxxxx aV. ese pañuelo y
Camisa, para que V. la
admita y guarde, con ul
tima de mostración de
mi amistad, y aun que
sé, que V. no quiere nada
de mi, xxxibala pues yo
de antemano la tenía pre
parada pa V. He sabido que
á con 12 dias, qe no habla
V. á su madre, compadesca
se V. de esa yn felix ma

CARTA 17 (A)

muger que le dio el cex
yno la trate tan mal,
tramite v. a sus que
ridas, pero no a su po
bre madre, mire v.
que dios puede mau
darle un castigo por
el poco respeto, y ninguna
con sideracion, con q̃ la tra

CARTA 17 (B)

mi dios y mi redentor, 67 11
En quien es pe... y confió,
Por tu pasión, Jesus mio,
Abrasarme con tu amor.
Y jamas buelva à ofenderte,
en los brasos de P.

     fin de una amistad
desgraciada

CARTA 17 (C)

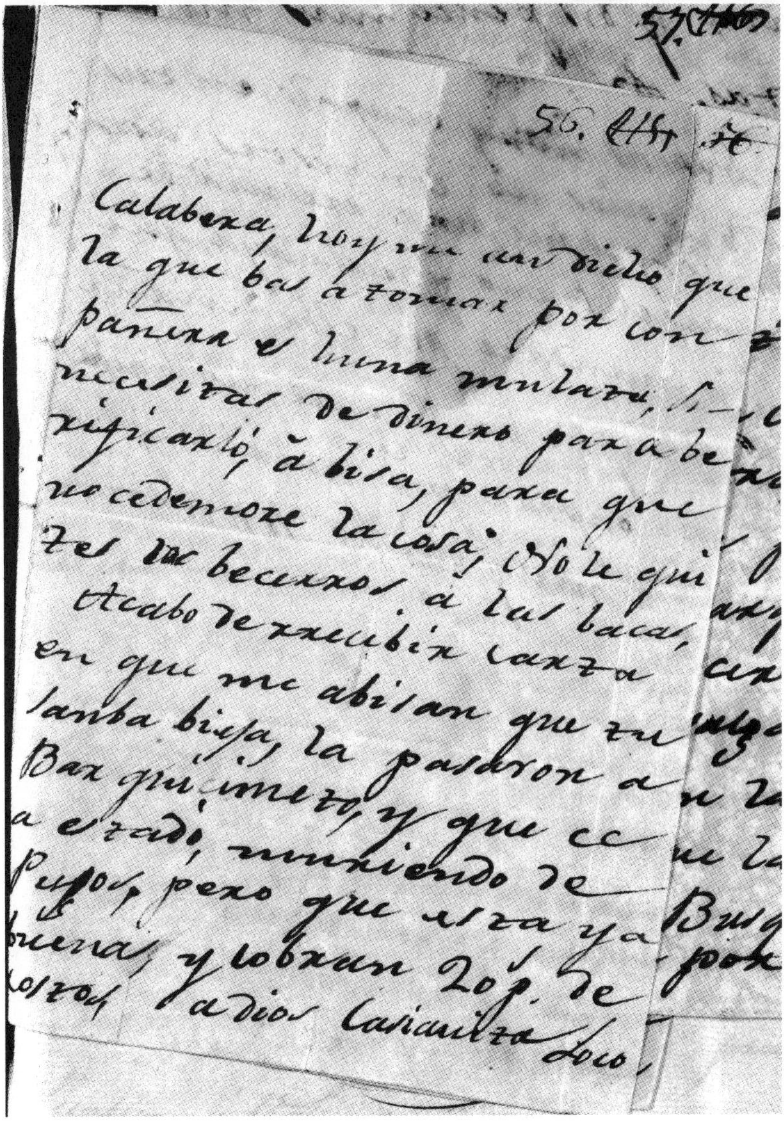

56.

Calabeza, hoy me an dicho que
la que bas a tomar por con
panera es buena mulata, si
necesitas de dinero para be
rificarlo, abisa, para que
no cedemore la cosa; No le qui
tes las becerros, a las bacas,
Acabo de rrecibir carta
en que me abisan que tu
santa bisa, la pasaron a
Bar quisimeto, y que se
a estado muriendo de
pujos, pero que esta ya
buena, y sobran 20 p. de
rositos adios Cariñito loco,

Carta 18 (A)

Siestas muy ocupado en tus
negocios, no contestas aora.
Comprame una resma de
papel bueno y regala aya, que
io mandare por ella, maña
na, y te la pagare, no bayas
à comprar por querida, que
sea muy bueno fin contar.

CARTA 18 (B)

Serbir para mereces
O sino uno lo consigio,
que à quel quema
Sos dio, ese, menos
Mucesio,

La ..... , tiene Peyneta, regalada
y candelaria Sanucho, yo no tenos ni
una flor, de memoria, y sin un sinnu
mero de yngratitudes, que con ex
bat en mi memoria, pa siempre.
y para heterna experiencia, de ex
plebre y no sacrificarme, por nadie.

Señora mandeme los papeles, de
anoche, copiados, y sino deselos, que
yo para borrones, de quien sabe es
cribir, no, quiero papeles, Si y me con
bida para hir, à la Ciudad, es anoche
y matarme aya, no es necesario hir
tan lejos, à qui, lo puede hacer, que
eso y muerto mas, meresio yo, por
bestia. Adios seas, feliz sin mi para
siempre para siempre

CARTA 19

Marzo 4 de 1833

Sõr Sindico Procurador

Muy sõr mio hese uido noticia q.
una esclaba mia yamada M.ª del
Rosario ceaprecentaden su tribu
nal Todabia no celeatocado su cuerpo
desde q.e la conpre y came afugado
sin ningun mozibo; Es escriada e
ra de d.n Esteban Llanes y uno de
sus hijos con quien eya a teni
do dos hijos abenido aqui, y me
la an sacado yo no niego amiscri
ados el papel de benta p.º eya no
me lo a pedido si hay quien me de
250 p. por eya tabendo sin tacha
ni enfermedad pues no hace ni

CARTA 20 (A)

tres meses qe la he comprado todo
lo qe pinso en consideracion de s. pª
qe me abia lo qe aya lubar y
recaputo, pues no ha pasado otra
cosa: soy de s. atenza Q. B. L. M

mª Anª Bolivar

Agregese al sumario esa carta presen-
tada pr el señor de Don Ignacio Rivas
para que surta prevenido ocurrir
de las porciones que el demandar
a dichos señor, que la misma
a que se refiere lo expresado
me prevenro

Rivas   [firma]

Ygnacio no me es pocible
á un que me cienro aorabia
texte un ynstante borrado
Demi corazon Censible:
Sino es el tuyo aceptable.
A una á mistad inbariable,
Vna vida mi cesable
Tendrás en la sociedad
Por que solo la amistad
Hace la vida á preciable
Ojala io no tubiera
tanta Censibilidad
qe con mas serenidad
tu conducta inbratasiera:
Pero amigo á un qe no quiera
No puedo ver con paciencia
Tu mala Correspondencia
A mi amistad fina y leal,
pues yo no encuenzro quimal
Te aya echo en mi conciencia

CARTA 21 (A)

No quiero no, rrecordar
cuanto me has hecho sufrir
Por no haber de rrepetir
Lo que deseo olbidar:
tu has querido deniorar
mi honor, mi rreputacion;
Nunca pence que esta acsion
de un amigo me biniese,
I que me corresspondiece
con una cruel sin rrazon

Nunca tube otro contento
Que serbirte y agradarte;
Y en rretorno, de tu parte
Solo rrecibo un mal trato
tu corazon es ynorato,
fuerza sera que lo diga,
Y si no quieres que siga
En este juicio afirmada,
Pruebame que estoy errada,
Y siempre sere tu amiga

CARTA 21 (B)

Alfin ce acabara lo que no tiene
remedio, en balde y en prisa me
e quefado, y nada he sacado.
Bien puede V. enplear su tien
po en otra parte, q. io nada
quiero por fuersa, y mucho
menos que la Santisima
Trinidad tenoa q. traelo
por los Cabellos, in tranqui
lidad, es yndispensable y teno o
q. adquirirla à pesar del mundo

Carta 22 (A)

existo a un que pierda la exis
tencia; si d. no buelbe à beam?
dire que me quiere, ys? me
be, dire que quiere, ~~que~~ p.ª s?
~~en~~ concluirme. Baya y a la ca
de fuego, donde pasa la mayor
parte de su tiempo, baya à ydonde
cortejar la que quiera, que
yo ~~con quedarme sola voy a dios~~
tengo lo su siuiente, si oa
4. con su sistema de calabase
al.ª guardia
q.ª dita mal aya, quando no
tengan remedio sus ynportan.s
y nices.s

CARTA 22 (B)

Mi consiensia queda tran---
abiendo echo quanto á estado
a mi alcance, por ācerlo feliz
perstodo es en bano quando
sios trabajos destina al hombre

Esta pasó la certificacion
del medico.

CARTA 22 (C)

FUENTES

Archivos

Archivo Arquidiocesano de Caracas.
Libros de bautismo.

Parroquia San Pablo
Libro 9.º, bautismos de blancos, 1811-1816.
Libro 10.º, bautismos de pardos y morenos libres, 1811-1816.

Parroquia Candelaria
Libro 4.º, bautismos de blancos, 1803-1818.
Libro 6.º, bautismos de negros, pardos y demás castas libres,
    1803-1821.

Parroquia San José de Chacao
Libros 1.º y 3.º, bautismos de pardos, negros, indios y esclavos,
    1792-1816.
Libro 4.º, bautismos de blancos, 1789-1821.

Archivo General de la Nación
Sección Civiles

Causa contra Isidro Aristiguieta por hurto. Letra A, expediente
    n.º 30, 1836.

Esquival Fermín contra Manuela Ceballos por hurto. Letra E, expediente n.º 9, 1836.

Causa contra Tomás Frías por hurto de dos burros marcados con hierro. Letra F, tomo 2, expediente n.º 2, 1836.

Causa contra Juan Cándido Fernández por hurto de piezas de ropa, un par de botones de oro y otras prendas en la quebrada de Cariaco. Letra F, tomo 2, expediente n.º 6, 1836.

Causa contra Gregorio González por hurto. Letra G, tomo 4, expediente n.º 15, 1836.

Causa por hurto contra Esteban Galera y Ubaldo Hernández por sospecha de hurto. Letra G, tomo 13, expediente n.º 13, 1836.

Sentencia contra Raymundo Pérez y Bacilio Fuenmayor por hurto de 4 cueros de ganado del matadero de Miguel Mérida. Letra M, tomo 1, expediente n.º 4, 1836.

Causa contra José del Rosario Silva por sospecha de hurto. Letra S, expediente n.º 2, 1836.

Sección Criminales

Contra Ramón Prats por hurto de mayor cuantía. Letra P, expediente n.º 13, 1836.

Contra Ramón Pérez por hurto de menor cuantía. Letra P, expediente n.º 22, 1836.

Seguidos contra Ignacio Padrón por atribuírsele el hurto de diez mil pesos. Letra P, expediente n.º 7, 1836.

Pruebas de José Ignacio Padrón. Letra P, expediente n.º 7, pieza 2, 1836.

Hemerografía

Gaceta de Caracas (1808-1821), Caracas, Academia Nacional de la Historia, 1983.

Gaceta de Venezuela Digital (1831-1855), Caracas, Academia
Nacional de la Historia, Departamento de Investigaciones
Históricas, 2004.

BIBLIOGRAFÍA

ALTEZ, Rogelio. *El desastre de 1812 en Venezuela: sismos, vulnerabilidades y una patria no tan boba,* Caracas, Universidad Católica Andrés Bello-Fundación Polar, 2006.

AUSTRIA, José de. *Bosquejo de la Historia militar de Venezuela,* Caracas, Academia Nacional de la Historia, 1960, 2 vol.

BARALT, Rafael María. *Resumen de la Historia de Venezuela,* París, Imprenta de H. Fournier y Compañía, 1841, 3 vols.

BOLLE, Robert. *Le peigne dans le monde,* Paris, Hoëbeke, 2004.

BOLÍVAR, Simón. *Obras Completas,* La Habana, Editorial Lex, 1950, 3 vols.

CARRILLO BATALLA, Tomás Enrique. *Cuentas nacionales de Venezuela (1831-1873),* Caracas, Banco Central de Venezuela, 2001.

DÍAZ, Arlene. *Female Citizens, Patriarchs, and the Law in Venezuela, (1786-1904),* University of Nebraska Press, 2004.

_____. «Disputas de ideologías, amor e historia», en http:// svs.osu.edu/documents/ArleneDiaz-DISPUTASDEIDEOLOGIASAMOREHISTORIA.pdf

DUARTE, Carlos. *Nuevos aportes documentales a la historia de las artes en la provincia de Venezuela (período Hispánico),* Caracas, Academia Nacional de la Historia, 2008.

GIL FORTOUL, José. *Historia constitucional de Venezuela,* Madrid, Talleres Eosgraf, 1967, 3 vol.

GONZÁLEZ GUINÁN, Francisco. *Historia contemporánea de Venezuela*, Caracas, Ediciones de la Presidencia de la República, 1954, 15 vols.

GUDIÑO KIEFFER, Eduardo. *El peinetón*, Buenos Aires, Ediciones de Arte Gaglianone, 1986.

Leyes y decretos de Venezuela (1830-1840), Caracas, Biblioteca de la Academia de Ciencias Políticas, 1982, tomo I.

MAGO, Lila. «La población de Caracas a través de las matrículas parroquiales», *Tiempo y Espacio*, Caracas, Centro de Investigaciones Históricas Mario Briceño Iragorry, Instituto Universitario Pedagógico de Caracas, 1988, pp. 27-42.

MARTÍNEZ BOOM, Alberto. *Memorias de la Escuela Pública. Expedientes y planes de escuela en Colombia y Venezuela (1774-1821)*, Bucaramanga, Universidad Industrial de Santander, 2011.

MONDOLFI GUDAT, Edgardo. *José Tomás Boves*, Caracas, *El Nacional*-Banco del Caribe, 2005.

PARRA PÉREZ, Caracciolo. *Mariño y las guerras civiles*, Madrid, Ediciones Cultura Hispánica, 1958, 3 vols.

PÉREZ PERDOMO, Rogelio y Miriam San Juan. «Iguales *ma non troppo*… La condición jurídica de la mujer en Venezuela en el siglo XIX», *La mujer en la Historia de Venezuela*, Caracas, Congreso de la República de Venezuela, 1995, pp. 257-282.

PINO ITURRIETA, Elías. *Contra lujuria, castidad*, Caracas, Alfadil ediciones, 2004.

————— (coord.). *Quimeras de amor, honor y pecado en el siglo XVIII venezolano*, Caracas, Planeta, 1994.

PORTER, Robert Ker. *Diario de un diplomático en Venezuela (1825-1842)*, Caracas, Fundación Polar, 1997.

QUINTERO, Inés. *La criolla principal. María Antonia Bolívar, hermana del Libertador*. Caracas, Aguilar, 2008.

QUINTERO, Inés. *La palabra ignorada. La mujer testigo oculto de la historia en Venezuela*, Caracas, Fundación Polar, 2008.

_____. *El último marqués. Francisco Rodríguez del Toro (1761-1851)*. Caracas, Fundación Bigott, 2006.

_____. *El marquesado del Toro, (1732-1851). Nobleza y sociedad en la provincia de Venezuela*, Caracas, Academia Nacional de la Historia, Facultad de Humanidades y Educación, 2009.

USLAR PIETRI, Juan. *Historia de la rebelión popular de 1814*, Madrid, EDIME, 1962.

VIVES, Juan Luis. *Instrucciones de la muger christiana*, Madrid, Imprenta de Don Benito Cano, 1793.

YANES, Francisco Javier. *Relación documentada de los principales sucesos ocurridos en Venezuela desde que se declaró estado independiente hasta el año de 1821*, Caracas, Academia Nacional de la Historia, Editorial Elite, 1943, 2 vols.

Obras de referencia

Diccionario de Historia de Venezuela, Caracas, Fundación Polar, 1997, 3 vols.

Enciclopedia Universal Ilustrada Europeo-Americana, Editorial Espasa Calpe, 70 tomos, Madrid-Barcelona, 1921.

Esta edición de
EL FABRICANTE DE PEINETAS
EL ÚLTIMO ROMANCE DE MARÍA ANTONIA BOLÍVAR
se terminó de imprimir en el mes de marzo de 2012,
en los talleres de Editorial Arte
Caracas, Venezuela